MATEMÁTICA

PARA OS CURSOS DE

- ECONOMIA
- ADMINISTRAÇÃO
- CIÊNCIAS CONTÁBEIS

O GEN | Grupo Editorial Nacional – maior plataforma editorial brasileira no segmento científico, técnico e profissional – publica conteúdos nas áreas de ciências sociais aplicadas, exatas, humanas, jurídicas e da saúde, além de prover serviços direcionados à educação continuada e à preparação para concursos.

As editoras que integram o GEN, das mais respeitadas no mercado editorial, construíram catálogos inigualáveis, com obras decisivas para a formação acadêmica e o aperfeiçoamento de várias gerações de profissionais e estudantes, tendo se tornado sinônimo de qualidade e seriedade.

A missão do GEN e dos núcleos de conteúdo que o compõem é prover a melhor informação científica e distribuí-la de maneira flexível e conveniente, a preços justos, gerando benefícios e servindo a autores, docentes, livreiros, funcionários, colaboradores e acionistas.

Nosso comportamento ético incondicional e nossa responsabilidade social e ambiental são reforçados pela natureza educacional de nossa atividade e dão sustentabilidade ao crescimento contínuo e à rentabilidade do grupo.

SEBASTIÃO MEDEIROS DA SILVA
ELIO MEDEIROS DA SILVA
ERMES MEDEIROS DA SILVA

MATEMÁTICA

PARA OS CURSOS DE
- ECONOMIA
- ADMINISTRAÇÃO
- CIÊNCIAS CONTÁBEIS

VOLUME II

4ª Edição

Os autores e a editora empenharam-se para citar adequadamente e dar o devido crédito a todos os detentores dos direitos autorais de qualquer material utilizado neste livro, dispondo-se a possíveis acertos caso, inadvertidamente, a identificação de algum deles tenha sido omitida.

Não é responsabilidade da editora nem dos autores a ocorrência de eventuais perdas ou danos a pessoas ou bens que tenham origem no uso desta publicação.

Apesar dos melhores esforços dos autores, do editor e dos revisores, é inevitável que surjam erros no texto. Assim, são bem-vindas as comunicações de usuários sobre correções ou sugestões referentes ao conteúdo ou ao nível pedagógico que auxiliem o aprimoramento de edições futuras. Os comentários dos leitores podem ser encaminhados à **Editora Atlas Ltda.** pelo e-mail editorialcsa@grupogen.com.br.

Direitos exclusivos para a língua portuguesa
Copyright © 1988 by
Editora Atlas Ltda.
Uma editora integrante do GEN | Grupo Editorial Nacional

Reservados todos os direitos. É proibida a duplicação ou reprodução deste volume, no todo ou em parte, sob quaisquer formas ou por quaisquer meios (eletrônico, mecânico, gravação, fotocópia, distribuição na internet ou outros), sem permissão expressa da editora.

Rua Conselheiro Nébias, 1384
Campos Elísios, São Paulo, SP – CEP 01203-904
Tels.: 21-3543-0770/11-5080-0770
editorialcsa@grupogen.com.br
www.grupogen.com.br

Designer de capa: Leandro Guerra

Editoração Eletrônica: Style Up

DADOS INTERNACIONAIS DE CATALOGAÇÃO NA PUBLICAÇÃO (CIP)
(CÂMARA BRASILEIRA DO LIVRO, SP, BRASIL)

Silva, Sebastião Medeiros da, 1938-
    Matemática: para os cursos de economia, administração, ciências contábeis / Sebastião Medeiros da Silva, Elio Medeiros da Silva, Ermes Medeiros da Silva. – 4. ed. – São Paulo: Atlas, 2017.

    Bibliografia
    ISBN 978-85-224-1584-7

    1. Cálculo diferencial 2. Cálculo integral I. Silva, Elio Medeiros da. II. Silva, Ermes Medeiros da. III. Título.

77-0960
17. CDD-517.2
18.   -515.33
17.   -517.3
18.   -515.43

Índices para catálogo sistemático:

1. Cálculo diferencial : Matemática 517.2 (17.) 515.33 (18.)
2. Cálculo integral : Matemática 517.3 (17.) 515.43 (18.)

SUMÁRIO

Prefácio, 9

1   O conjunto R^n, 11

1.1   Apresentação do R^n, 11

1.2   Representação gráfica de subconjuntos do R^2 e do R^3, 12

1.3   Aplicações, 27

2   Funções de várias variáveis, 31

2.1   Conceito e exemplos, 31

2.2   Aplicações – alguns exemplos de funções de várias variáveis em economia, 33

2.3   Igualdade de funções, 36

2.4   Domínio da função definida por uma igualdade, 36

2.5   Representação gráfica, 44

2.6   Curvas de nível e curvas de indiferença, 46

   2.6.1   Curvas de nível, 46

   2.6.2   Curvas de indiferença, 52

2.7   Funções homogêneas, 55

2.8   Aplicações econômicas das funções homogêneas, 57

2.9   Limite e continuidade, 64

   2.9.1   Limite de uma função num ponto, 64

   2.9.2   Limite da soma, do produto e do quociente, 68

   2.9.3   Limite de algumas funções compostas, 73

6 MATEMÁTICA

2.9.4 Função contínua num ponto, 75

2.9.5 Continuidade da soma, do produto, do quociente e de algumas funções compostas, 76

3   Derivadas parciais, 79

3.1 Caso de duas variáveis, 79

    3.1.1 Definições, 79

    3.1.2 Derivada parcial e taxa média de variação, 82

    3.1.3 Cálculo das derivadas parciais, 87

    3.1.4 Função derivada parcial, 100

    3.1.5 Aplicações econômicas, 104

    3.1.6 Exercícios de aplicação, 107

    3.1.7 Derivadas parciais de ordem superior à primeira, 110

    3.1.8 Funções diferenciáveis, 114

    3.1.9 Diferencial de uma função, 116

    3.1.10 Critério de diferenciabilidade, 120

    3.1.11 Funções compostas: regras da cadeia, 120

        1 Definição, 120

        2 Derivadas das funções compostas, 122

        3 Diferencial das funções compostas, 126

        4 Extensão para o caso de duas variáveis, 127

    3.1.12 Teorema de Euler para funções homogêneas, 130

    3.1.13 Exercícios de aplicação, 132

    3.1.14 Funções implícitas, 134

3.2 Extensão para o caso de várias variáveis, 138

    3.2.1 Derivadas parciais, 138

    3.2.2 Funções diferenciáveis, 143

    3.2.3 Funções compostas: regra de cadeia, 144

    3.2.4 Funções implícitas, 147

4   Máximos e mínimos, 151

4.1 Definições e exemplos, 151

4.2 Determinação dos pontos de máximo ou de mínimo locais, 154

    4.2.1 Condição necessária, 154

    4.2.2 Condição suficiente, 156

4.3 Aplicações, 166

5 Máximos e mínimos condicionados, 169

    5.1 Máximos e mínimos de funções lineares com restrições lineares: método gráfico, 170

    5.2 Aplicações, 179

    5.3 Máximos e mínimos condicionados: método direto, 183

    5.4 Aplicações, 187

    5.5 Máximos e mínimos condicionados: método dos multiplicadores de Lagrange, 189

    5.6 Exercícios de aplicação, 194

Bibliografia, 197

PREFÁCIO

Nas diversas Faculdades de Economia, Administração e Ciências Contábeis em que trabalhamos, ministrando cursos de graduação em Matemática, temos tido a oportunidade de constatar que a grande dificuldade com que lutam os alunos para obter um aproveitamento, pelo menos razoável, está ligada em geral ao insuficiente preparo em Matemática Elementar com que eles chegam ao curso superior.

Nessas circunstâncias, um dos grandes problemas com que se defronta o professor consiste na escolha de um livro-texto, pois, embora existam no mercado excelentes livros de Cálculo Diferencial e de Análise Matemática, é tarefa difícil encontrar um que contenha o material necessário numa linguagem acessível ao aluno médio da área.

O professor, via de regra, com pesada carga didática e, portanto, sem tempo para preparar material adequado de leitura para aqueles alunos, é levado a sugerir uma extensa bibliografia com a esperança de que eles a examinem e façam sua opção por um texto que consigam ler com aproveitamento.

No entanto, a despeito da possível orientação individual que o professor possa dar, coisa em geral difícil, dado o grande número de alunos por turma, a verdade é que, dadas as dificuldades de base que já mencionamos, os estudantes acabam por adotar o procedimento de copiar do quadro-negro a matéria que está sendo desenvolvida, na esperança de poder entendê-la posteriormente.

Deixando de ter participação efetiva na aula, o aluno está-se prejudicando consideravelmente em termos de aproveitamento, enquanto que para o professor resta o desalento de ver diminuído ainda mais o rendimento de seu esforço, como conseqüência daquela atitude.

Foi com o objetivo de tentar colaborar para a atenuação desta dificuldade que tomamos a iniciativa, com apoio da EDITORA ATLAS, de redigir dois textos de Matemática para os cursos de Economia, Administração e Ciências Contábeis, que esperamos possam ser lidos com aproveitamento pelos alunos destas áreas.

No VOLUME I, desenvolvemos a parte que interessa para aquelas áreas do Cálculo Diferencial e Integral das funções de uma variável, enquanto que o VOLUME 2 contém o suficiente para as mesmas áreas do Cálculo Diferencial das funções de várias variáveis.

Queremos deixar bem claro que não se trata de textos de Cálculo Diferencial para estudantes de Matemática ou Engenharia, mas de Cálculo Diferencial Elementar para estudantes das Faculdades de Economia, Administração e Ciências Contábeis. As aplicações que aparecem nos diversos capítulos são específicas para aquelas áreas e foram inseridas para servir aos alunos como primeiras ilustrações de aplicações bem mais profundas e interessantes que certamente serão estudadas nas disciplinas profissionais.

Os textos são facilmente criticáveis em inúmeros pontos se levarmos em consideração o rigor e o formalismo matemático.

Optamos por uma linguagem simples intuitiva e muitas vezes não rigorosa, na tentativa de conseguir uma comunicação com o aluno com o objetivo de levar-lhe algumas idéias e o necessário preparo instrumental para o uso nos cursos de graduação profissionais.

Esperamos contar com a valiosa e indispensável colaboração de nossos colegas para o aperfeiçoamento destes textos de modo a adequá-los ao fim a que se destinam.

Os Autores.

O CONJUNTO R^n

1.1 APRESENTAÇÃO DO R^n

Seja R o conjunto dos números reais. Designaremos por R^2 o produto cartesiano $R \times R$, isto é, o conjunto de todos os pares (x, y) de números reais.

Por R^3 designaremos o produto cartesiano $R \times R \times R$, conjunto de todas as ternas (x, y, z) de números reais.

Da mesma forma, R^4 indicará o conjunto de todas as ênuplas de quatro elementos (x_1, x_2, x_3, x_4) de números reais.

De um modo geral, o conjunto R^n sendo n um número inteiro, $n \geq 2$, indicará o produto cartesiano de R por si mesmo n vezes, ou seja, o conjunto de todas as ênuplas $(x_1, x_2, ..., x_n)$ de números reais.

Assim, o par $(2, 5)$ é um elemento do R^2; a terna $(0, 1, 4)$ é um elemento do R^3; a ênupla de cinco elementos $(0, 3, 1, 4, 2)$ é um elemento do R^5.

EXERCÍCIOS PROPOSTOS

Classificar cada uma das ênuplas, quanto ao conjunto a que pertencem:

1. $(4, 0)$

2. $(0,0)$

3. $(-1, 2)$

4. $\left(\dfrac{1}{2}, \dfrac{3}{4} \right)$

5. $(0, 0, 0)$

6. $(-3, 1, 4)$

7. $\left(\dfrac{1}{5}, 6, -1\right)$

8. $(1, 0, 0)$

9. $(0, 0, 4, 5)$

10. $(0, -1, 4, 5, 1, 3)$

11. $\left(3, \dfrac{1}{2}, -\dfrac{1}{3}, 0, 4\right)$

12. $(1, 5, 0, 0, 3)$

RESPOSTAS

1. R^2
2. R^2
3. R^2
4. R^2
5. R^3
6. R^3
7. R^3
8. R^3
9. R^4
10. R^6
11. R^5
12. R^5

1.2 REPRESENTAÇÃO GRÁFICA DE SUBCONJUNTOS DO R^2 E DO R^3

É possível obter um modelo geométrico tanto para o R^2 quanto para o R^3. No caso do R^2, basta fixar num plano um sistema OXY de coordenadas cartesianas ortogonais. Este procedimento permite estabelecer uma correspondência biunívoca entre os pontos do referido plano e o R^2. Um ponto P do plano (Figura 1.1), fica perfeitamente determinado por um par (a, b) de números reais, que são as coordenadas de P. Por outro lado, todo par (a, b) de números reais corresponde a um ponto P do plano, precisamente, o ponto P de coordenadas (a, b).

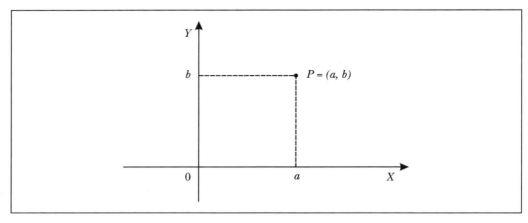

Figura 1.1

Tal correspondência permite identificar o plano ao conjunto R^2 e falar indistintamente em pares de números reais ou pontos do plano.

No caso do R^3, é suficiente fixar no espaço ordinário um sistema $OXYZ$ de coordenadas cartesianas ortogonais. Um ponto P do espaço fica bem definido por uma terna (a, b, c) de números reais, que são as coordenadas de P. Reciprocamente, a toda terna (a, b, c) de números reais corresponde um ponto P do espaço, de coordenadas (a, b, c), (Figura 1.2). Desta forma, é possível identificar o espaço ordinário equipado de um sistema $OXYZ$ de coordenadas cartesianas ortogonais ao conjunto R^3, o que nos permite falar indistintamente em ternas de números reais ou pontos do espaço.

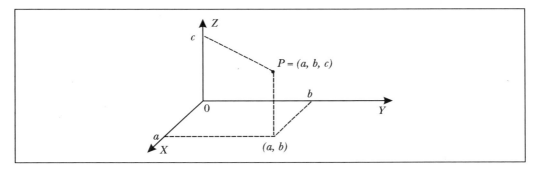

Figura 1.2

Podemos, então, obter a representação gráfica de subconjuntos do R^2 e do R^3, conforme mostram os exercícios seguintes.

EXERCÍCIOS RESOLVIDOS

Representar graficamente cada um dos conjuntos seguintes:

1. $A = \{(x, y) \in R^2 \mid y = 4\}$

O conjunto dado consiste de todos os pares de números reais do tipo $(x, 4)$, com $x \in R$. A sua representação gráfica é a reta paralela ao eixo OX, pelo ponto $(0, 4)$ (Figura 1.3).

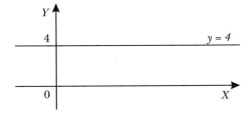

Figura 1.3

2. $B = \{(x, y) \in R^2 \mid x = 2\}$

Neste caso, B é o conjunto de todos os pares de números reais da forma $(2, y)$, com $y \in R$. A representação gráfica leva, então, à reta paralela ao eixo OY, pelo ponto $(2, 0)$ (Figura 1.4).

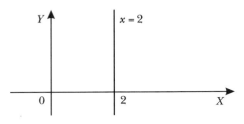

Figura 1.4

3. $C = \{(x, y) \in R^2 \mid y = x\}$

Agora, C é o conjunto de todos os pares de números reais (x, y), com $y = x$ e sua representação gráfica é a reta bissetriz do primeiro e terceiro quadrantes (Figura 1.5).

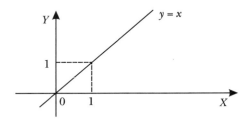

Figura 1.5

4. $D = \{(x, y) \in R^2 \mid x \geq 0, y \geq 0\}$

A representação gráfica de D consiste nos pontos do primeiro quadrante, precisamente aqueles que possuem coordenadas não negativas (Parte sombreada da Figura 1.6).

Figura 1.6

5. $E = \{(x, y) \in R^2 \mid 1 \leq y \leq 2\}$

O conjunto E será representado graficamente pelos pontos entre as retas de equação $y = 1$ e $y = 2$, inclusive os pontos destas retas (Figura 1.7).

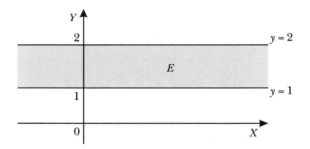

Figura 1.7

6. $F = \{(x, y) \in R^2 \mid x \geq 1\}$

O conjunto F tem por representação gráfica o conjunto dos pontos do plano, situado à direita da reta de equação $x = 1$, mais os pontos desta reta (Figura 1.8).

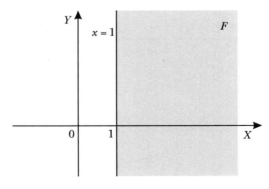

Figura 1.8

Observação: Nos exercícios 7, 8 e 9 aparecem a representação gráfica de desigualdades lineares da forma $Ax + By \leq C$ ou $Ax + By \geq C$. Para isto basta representar em primeiro lugar a reta $Ax + By = C$, e em seguida considerar um ponto P de um dos semiplanos determinados pela reta. Caso as coordenadas de P satisfaçam a desigualdade dada, a representação gráfica será dada pelos pontos do mesmo semiplano de P. Caso contrário, a representação gráfica da desigualdade será dada pelo outro semiplano.

No caso de um sistema de desigualdades, para obter a representação gráfica é suficiente representar graficamente cada uma das desigualdades, e considerar a intersecção dos conjuntos obtidos.

7. $G = \{(x, y) \in R^2 \mid x + y \geq 2\}$ (Figura 1.9).

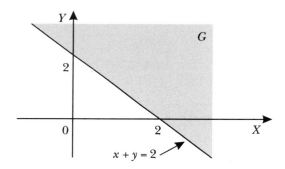

Figura 1.9

8. $H = \{(x, y) \in R^2 \mid x \geq 0, y \geq 0, x + y \geq 1, x \leq 4, y \leq 5\}$ (Figura 1.10).

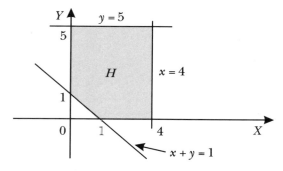

Figura 1.10

9. $I = \{(x, y) \in R^2 \mid x \geq 0, y \geq 0, x + 2y \leq 4, 4x + 3y \leq 12\}$ (Figura 1.11).

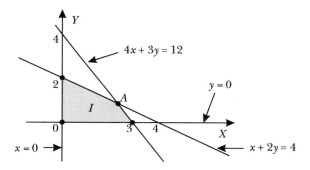

Figura 1.11

Observação: Os vértices do polígono obtido podem ser determinados resolvendo-se o sistema formado pelas equações das retas que lhes dão origem. Assim, por exemplo, o vértice A (Figura 1.11) pode ser obtido pela solução do sistema:

$$\begin{cases} 4x + 3y = 12 \\ x + 2y = 4 \end{cases}, \text{ ou seja, } A = (2, 4; 0, 8)$$

10. $J = \{(x, y) \in R^2 \mid x^2 + y^2 \leq 4\}$

A representação gráfica da equação $x^2 + y^2 = 4$ é a circunferência de centro na origem do sistema de coordenadas, e o raio 2. O conjunto dos pontos que satisfazem a desigualdade $x^2 + y^2 < 4$ é dado pela parte sombreada da Figura 1.12. Basta testar, por exemplo, o ponto $(0, 0)$. Logo, a representação gráfica de J é o círculo de centro na origem e o raio 2.

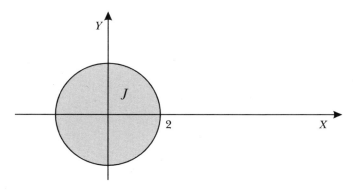

Figura 1.12

11. $K = \{(x, y) \in R^2 \mid y \geq e^x\}$ (Figura 1.13).

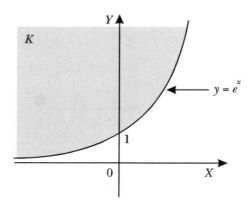

Figura 1.13

12. $L = \{(x, y, z) \in R^3 \mid 0 \leq x \leq 4, 0 \leq y \leq 2, 0 \leq z \leq 3\}$ (Figura 1.14).

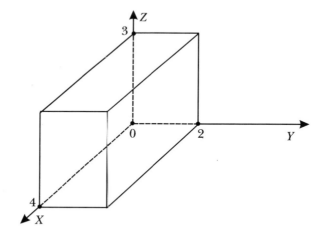

Figura 1.14

A representação gráfica do conjunto L é o paralelepípedo da Figura 1.14.

EXERCÍCIOS PROPOSTOS

Representar graficamente os seguintes subconjuntos do R^2:

1. $A_1 = \{(x, y) \in R^2 \mid y = 5\}$
2. $A_2 = \{(x, y) \in R^2 \mid y = -2\}$
3. $A_3 = \{(x, y) \in R^2 \mid y = 0\}$
4. $A_4 = \{(x, y) \in R^2 \mid x = 4\}$
5. $A_5 = \{(x, y) \in R^2 \mid x = -2\}$
6. $A_6 = \{(x, y) \in R^2 \mid x = 0\}$
7. $A_7 = \{(x, y) \in R^2 \mid x + y = 10\}$
8. $A_8 = \{(x, y) \in R^2 \mid y = x + 1\}$
9. $A_9 = \{(x, y) \in R^2 \mid y = -x\}$
10. $A_{10} = \{(x, y) \in R^2 \mid xy \geq 0\}$
11. $A_{11} = \{(x, y) \in R^2 \mid xy \leq 0\}$
12. $A_{12} = \{(x, y) \in R^2 \mid 0 \leq y \leq 5\}$
13. $A_{13} = \{(x, y) \in R^2 \mid 1 \leq y \leq 6\}$
14. $A_{14} = \{(x, y) \in R^2 \mid 2 \leq x \leq 8\}$
15. $A_{15} = \{(x, y) \in R^2 \mid -1 \leq x \leq 1\}$
16. $A_{16} = \{(x, y) \in R^2 \mid x \geq 1, y \geq 2\}$
17. $A_{17} = \{(x, y) \in R^2 \mid x \leq 4, y \leq 3\}$
18. $A_{18} = \{(x, y) \in R^2 \mid 0 \leq x \leq 5, 2 \leq y \leq 4\}$
19. $A_{19} = \{(x, y) \in R^2 \mid y = \dfrac{1}{x}\}$
20. $A_{20} = \{(x, y) \in R^2 \mid y = x^3\}$
21. $A_{21} = \{(x, y) \in R^2 \mid y \geq x^2\}$
22. $A_{22} = \{(x, y) \in R^2 \mid y \leq \sqrt{x}\}$
23. $A_{23} = \{(x, y) \in R^2 \mid y \leq e^{-x}\}$
24. $A_{24} = \{(x, y) \in R^2 \mid y \geq \ln x\}$
25. $A_{25} = \{(x, y) \in R^2 \mid y \geq \dfrac{4}{x}\}$
26. $A_{26} = \{(x, y) \in R^2 \mid y \leq |x|\}$
27. $A_{27} = \{(x, y) \in R^2 \mid |y| \leq |x|\}$

28. $A_{28} = \{(x, y) \in R^2 \mid y - 2x \leq 0\}$
29. $A_{29} = \{(x, y) \in R^2 \mid 4x + 3y \geq 10\}$
30. $A_{30} = \{(x, y) \in R^2 \mid -x + 3y \leq 20\}$
31. $A_{31} = \{(x, y) \in R^2 \mid x + y \leq 10\}$
32. $A_{32} = \{(x, y) \in R^2 \mid x^2 + y^2 \leq 4\}$
33. $A_{33} = \{(x, y) \in R^2 \mid x^2 + y^2 \geq 9\}$
34. $A_{34} = \{(x, y) \in R^2 \mid x \geq 0, y \geq 0, x + y \leq 5\}$
35. $A_{35} = \{(x, y) \in R^2 \mid x \geq 0, y \geq 0, x + y \geq 4\}$
36. A = conjunto dos pontos $(x, y) \in R^2$ tais que:
    $x \geq 0, y \geq 0, 2x + y \leq 20, y \leq 18, x \leq 8$
37. B = conjunto dos pontos $(x, y) \in R^2$ tais que:
    $-x + y \leq 3, -x + y \geq -3, x \geq 0, y \geq 0$
38. C = conjunto dos pontos $(x, y) \in R^2$ tais que:
    $-x + y \leq 4, x + y \leq 12, x - 8y \leq -6, 3x + 2y \geq 8$
39. D = conjunto dos pontos $(x, y) \in R^2$ tais que:
    $-10x + y \leq 0, -x + 2y \leq 19, 9x + 5y \leq 105, -2x + 5y \geq -5, -x + 5y \geq 0$
40. E = conjunto dos pontos $(x, y) \in R^2$ tais que:
    $-x + 3y \leq 9, 3x + 4y \leq 38, x + 10y \geq 30$
41. $A_{36} = \{(x, y) \in R^2 \mid x^2 + y^2 \leq 16\}$
42. $A_{37} = \{(x, y) \in R^2 \mid x^2 + y^2 \leq 9, x \geq 0, y \geq 0\}$
43. $A_{38} = \{(x, y) \in R^2 \mid (x-1)^2 + (y-2)^2 \leq 4\}$

RESPOSTAS

1.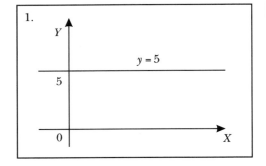

2.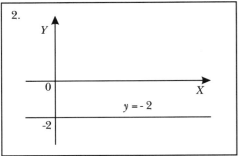

3.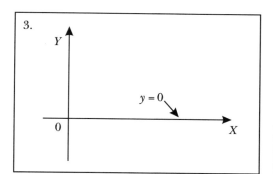

4.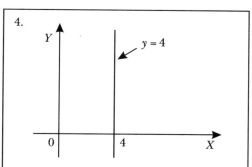

5.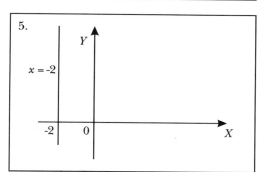

6.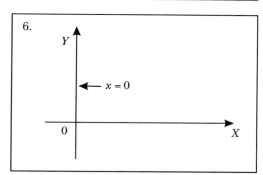

7.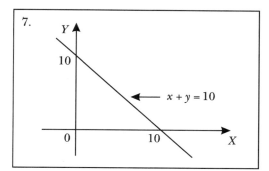

8.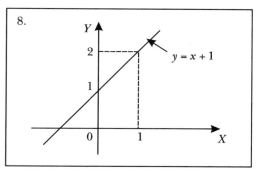

9.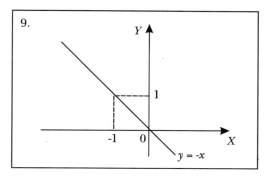

10.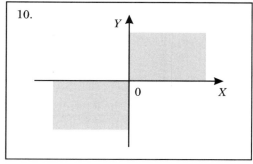

11.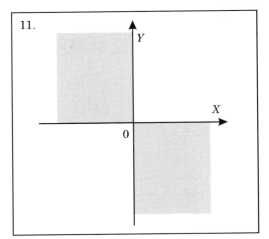
12.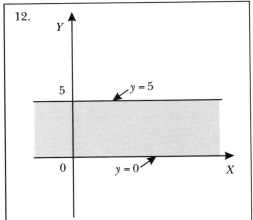
13.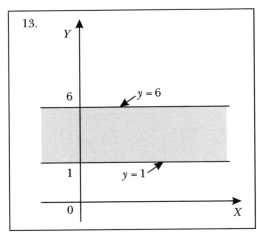
14.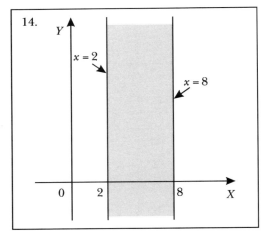
15.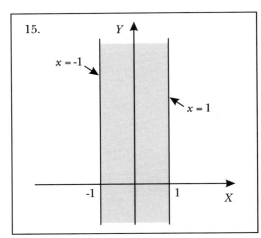
16.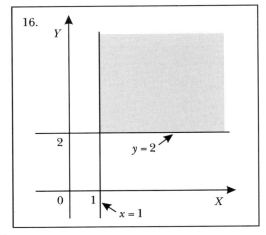

17.
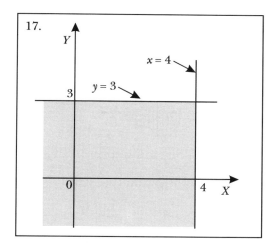

18.
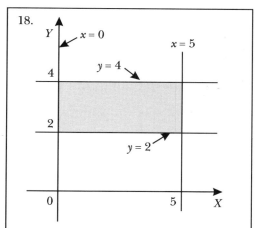

19.
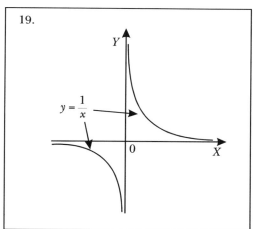

20.
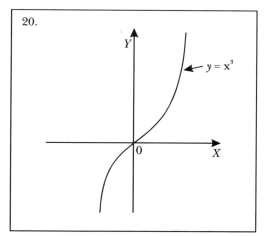

21.
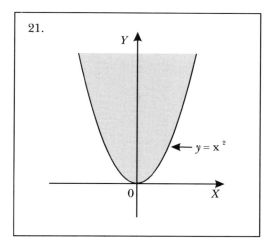

22.
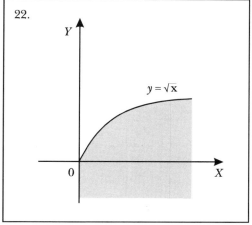

23.
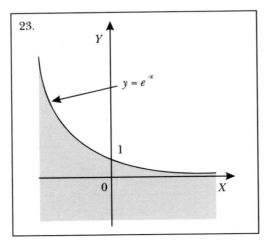

24.
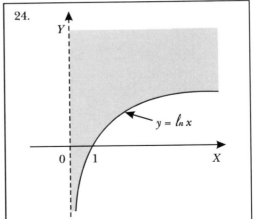

25.
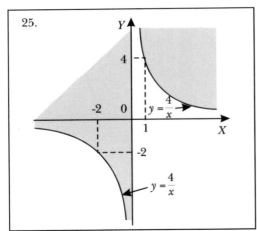

26.
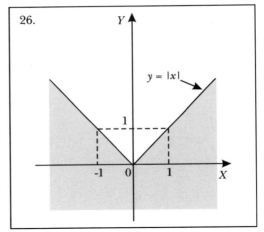

27.
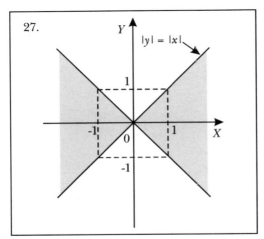

28.
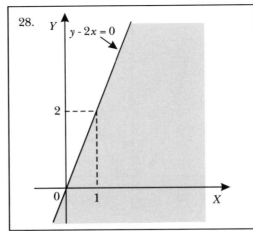

29.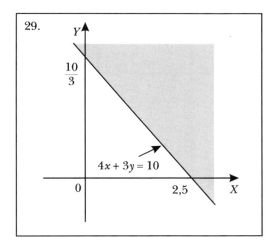

30.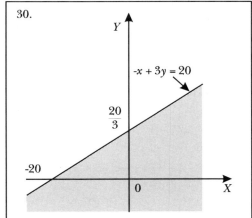

31.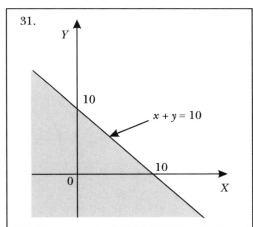

32.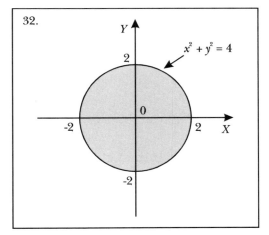

33.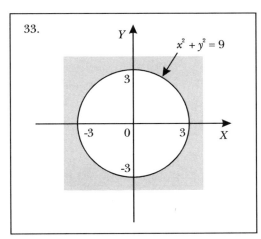

34.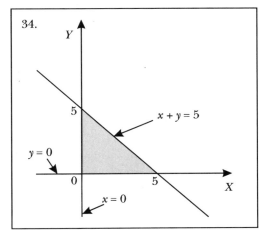

35.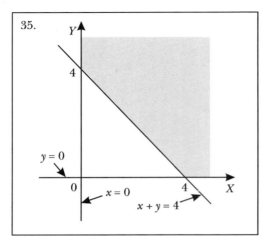

36.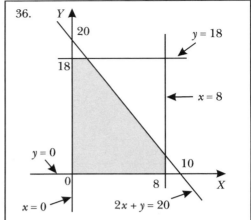

37.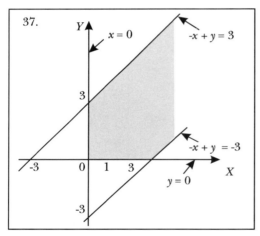

38.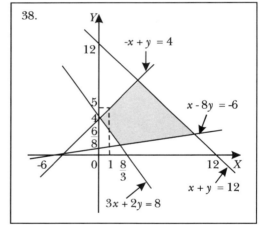

39.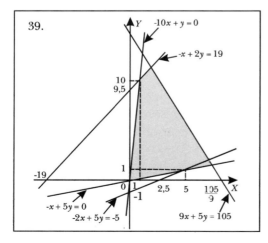

40.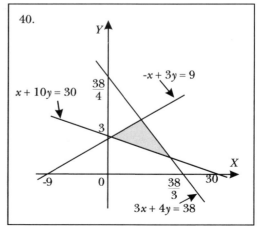

41.
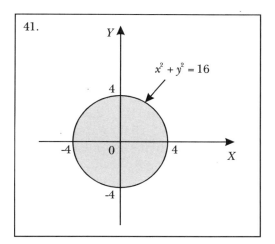

42.
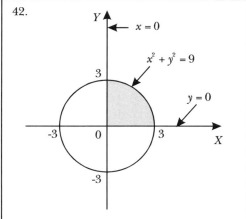

43.
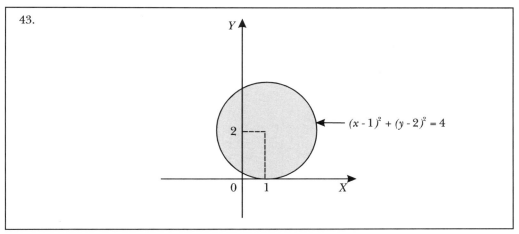

1.3 APLICAÇÕES

1.3.1 Uma empresa possui dois equipamentos: A e B. O equipamento A pode produzir diariamente 200 arruelas do tipo 1, 100 do tipo 2 e 300 do tipo 3, enquanto que a produção diária de B pode ser de 100 arruelas do tipo 1, 600 do tipo 2 e 400 do tipo 3. Determinar e representar graficamente o conjunto dos pares (x, y) do R^2 tal que, se A trabalhar durante x dias e B durante y dias, a produção será de pelo menos 4.000 arruelas do tipo 1, 6.000 do tipo 2 e 12.000 do tipo 3.

1.3.2 Uma empresa deseja adquirir pelo menos 30 metros de um fio F_1 de R$ 4,00 o metro, e, no máximo, 20 metros de outro fio F_2 de R$ 9,00 o metro. A empresa autorizou um compromisso máximo de R$ 360,00 para esta transação e pretende também que a relação entre a quantidade a ser comprada de fio F_2 e a de fio F_1 não seja inferior a 1/4. Determinar e representar graficamente o conjunto dos pares de números (x, y) que representam as opções de compra da empresa, tendo em vista as restrições mencionadas.

1.3.3 Uma empresa dispõe no momento de 600 quilos de uma substância S_1 e de 560 quilos de outra substância S_2, substâncias estas que são empregadas na fabricação de dois tipos de misturas, A e B. Cada unidade de A exige 10 quilos de S_1 e 40 quilos de S_2, enquanto que para fabricar uma unidade de B são necessários 40 quilos de S_1 e 20 de S_2. Cada unidade de A é vendida a R$ 15,00, e cada unidade de B, a R$ 25,00. Um comprador deseja adquirir pelo menos 4 unidades de A e pelo menos 5 unidades de B, mas não deseja gastar mais que R$ 375,00. Determinar e representar graficamente o conjunto dos pares (x, y) que representam, respectivamente, as possíveis unidades A e B que a empresa pode oferecer ao comprador no momento.

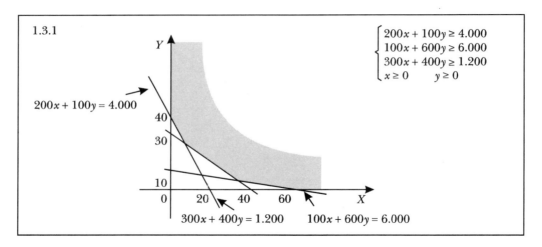

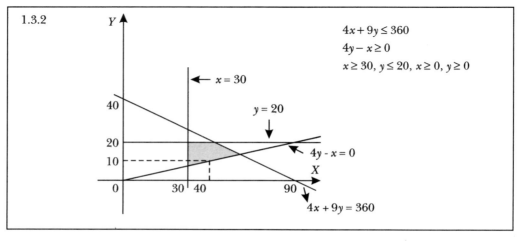

1.3.3

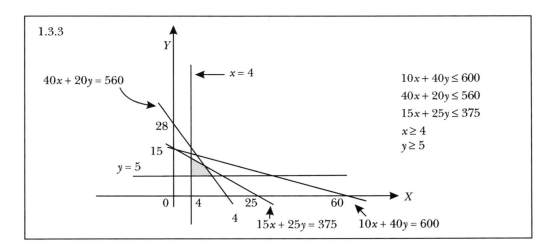

FUNÇÕES DE VÁRIAS VARIÁVEIS

2.1 CONCEITO E EXEMPLOS

Seja D um subconjunto não vazio do R^n.

Definir em D uma função f de n variáveis e a valores reais é explicitar uma regra que permita associar a todo ponto $(x_1, x_2, x_3, ..., x_n) \in D$ um número real y. O único número real y correspondente de um ponto $(x_1, x_2, ..., x_n) \in D$, pela regra fixada, recebe o nome de valor da função f, no ponto $(x_1, x_2, ..., x_n)$ e será indicado por $f(x_1, x_2, ..., x_n)$. O conjunto D é o domínio ou o campo de definição da função f. O fato de f ser uma função definida em D e a valores reais será expresso pela notação $f: D \to R$ (f definida em D e a valores em R).

Com os exemplos seguintes pretendemos deixar claro este conceito.

Exemplo 1:

Seja D o subconjunto do R^2, $D = \{(x, y) \in R^2 \mid x \geq 0, y \geq 0\}$ e consideremos a igualdade $z = x + y$, como $(x, y) \in D$. Por meio desta igualdade podemos associar a todo ponto $(x, y) \in D$ um número real z, precisamente o número $z = x + z$. O valor de z depende, portanto, dos valores assumidos por x e y. O que acabamos de fazer foi explicitar uma regra que permite associar a todo ponto $(x, y) \in D$ um número real z, isto é, acabamos de definir em D a função f de duas variáveis e a valores reais cujo valor num ponto $(x, y) \in D$ é $z = f(x, y) = x + y$.

Exemplo 2:

Seja D o subconjunto do R 3, $D = \{(x, y, z) \in R^3 \mid x \geq 0, y \geq 0, z \geq 0\}$ e consideremos a igualdade $w = x^2 + y^2 + z^2$. A última igualdade permite associar a todo

32 MATEMÁTICA

ponto $(x, y, z) \in D$ um número real w, exatamente o número $w = x^2 + y^2 + z^2$. Portanto, definimos em D a função h de três variáveis e a valores reais, cujo valor num ponto $(x, y, z) \in D$ é $w = f(x, y, z) = x^2 + y^2 + z^2$.

Exemplo 3:

Seja D o subconjunto do R^4, $D = \{(x_1, x_2, x_3, x_4) \in R^4 \mid x_1 \geq 0, x_2 \leq 0, x_3 \geq 2, x_4 \leq 1\}$ e seja a igualdade $y = x_1 x_2 + 2x_3 x_4$, com $(x_1, x_2, x_3, x_4) \in D$. Esta igualdade define em D a função g de quatro variáveis e a valores reais, tal que $y = g(x_1, x_2, x_3, x_4) = x_1 x_2 + 2x_3 x_4$.

Exemplo 4:

Seja $D = \{(x_1, x_2, ..., x_n) \in R^n \mid x_i \geq 0, i = 1, 2,..., n\}$ e consideremos a igualdade $y = x_1^2 + x_2^2 + ... + x_n^2$ com $(x_1, x_2,...,x_n) \in D$. Esta igualdade define em D a função f de n variáveis e a valores reais, cujo valor num ponto $(x_1, x_2, ..., x_n) \in D$ é

$$y = f(x_1, x_2, ..., x_n) = x_1^2 + x_2^2 + ... + x_n^2$$

EXERCÍCIOS PROPOSTOS ————————————————

1. Consideremos o conjunto $D = \{(x, y) \in R^2 \mid 2 \leq x \leq 10, 1 \leq y \leq 5\}$ e as funções $f: D \to R$, $g: D \to R$ tais que $f(x, y) = \dfrac{x}{y} + 1$ e $g(x, y) = xy + 2$. Calcular:

1.1 $f(3, 2)$

1.4 $\dfrac{f(8, 1)}{g(10, 1)}$

1.2 $g(9, 4)$

1.5 $(f(5, 2))^2 + (g(2, 5))^2$

1.3 $f(2, 1) \cdot g(10, 5)$

2. Seja $f: R^2 \to R$ tal que $f(x, y) = \dfrac{1}{2} xy$. Calcular $f(0, 0) + f(1, 1) - 2f(3, 2)$

3. Seja $f: R^2 \to R$ tal que $f(x, y) = e^{xy}$. Calcular:

3.1 $f(0, 0)$ 3.2 $f(1, 1)$ 3.3 $f(2, 1)$

4. Sejam $D = \{(x, y) \in R^2; x > 0, y > 0\}$ e $f: D \to R$ tal que $f(x, y) = \ell n\,(xy)$. Calcular:

4.1 $f(1, 1)$ 4.2 $f\left(5, \dfrac{1}{5}\right)$ 4.3 $f(e, 1)$

RESPOSTAS ——————————————————————————

1.1 $\dfrac{5}{2}$ 1.2 38   1.3 156   1.4 $\dfrac{3}{4}$ 1.5 $\dfrac{625}{4}$

2. $-\dfrac{11}{2}$

3.1 1   3.2 e 3.3 e^2

4.1 0   4.2 0   4.3 1

2.2 APLICAÇÕES – ALGUNS EXEMPLOS DE FUNÇÕES DE VÁRIAS VARIÁVEIS EM ECONOMIA

1. Suponha uma firma que comercialize dois produtos A e B, em condições de competição pura. Neste caso, os preços dos produtos são fixos e determinados pelo mercado. Se os preços dos produtos A e B forem respectivamente iguais a R\$ 12,00 e R\$ 7,00, a receita da firma correspondente à venda destes produtos será dada por:

$$R = 12q_1 + 7q_2$$

onde q_1 e q_2 são as quantidades vendidas dos referidos bens.

Por outro lado, o custo relativo à produção destes dois bens pode ser dado em função das quantidades produzidas q_1 e q_2, como, por exemplo, pela função de duas variáveis:

$$C = q_1^2 + 0{,}25q_1\,q_2 + 0{,}5q_2^2 + 10$$

Em conseqüência, o lucro da firma pode ser estabelecido com base nas quantidades q_1 e q_2, produzidas e comercializadas.

Como: $L = R - C$

resulta: $L = 12q_1 + 7q_2 - (q_1^2 + 0{,}25q_1\,q_2 + 0{,}5q_2^2 + 10)$

ou $L = 12q_1 + 7q_2 - q_1^2 - 0{,}25q_1\,q_2 - 0{,}5q_2^2 - 10$

Portanto, L é uma função das duas variáveis q_1 e q_2.

MATEMÁTICA

2. Suponha agora que a firma comercialize os bens A e B em regime de monopólio. Neste caso, as quantidades demandadas dependem dos preços estabelecidos.

Suponhamos, então, que as funções de demanda dos produtos sejam dadas por:

A: $q_1 = 50 - 0{,}2p_1 + 0{,}6\,p_2$

B: $q_2 = 100 + p_1 - 0{,}5\,p_2$

Como a receita pela venda dos produtos é dada por:

$$R = p_1 \cdot q_1 + p_2 \cdot q_2,$$

podemos expressar esta receita como função das quantidades q_1 e q_2, substituindo os preços por suas expressões obtidas com base na solução do sistema:

$$\begin{cases} -0{,}2\,p_1 + 0{,}6\,p_2 = q_1 - 50 \\ p_1 - 0{,}5p_2 = q_2 - 100 \end{cases}$$

que é dada por:

$$p_1 = q_1 + 1{,}2q_2 - 170$$

e

$$p_2 = 2q_1 + 0{,}4q_2 - 140$$

Portanto, a receita será dada pela função de duas variáveis:

$$R = (q_1 + 1{,}2q_2 - 170) \cdot q_1 + (2q_1 + 0{,}4q_2 - 140) \cdot q_2$$

ou

$$R = q_1^2 + 0{,}4q_2^2 + 3{,}2q_1\,q_2 - 170q_1 - 140q_2$$

Supondo que o custo seja dado ainda pela função:

$$C = q_1^2 + 0{,}25q_1\,q_2 + 0{,}5q_2^2 + 10,$$

o lucro da firma devido à produção e comercialização das quantidades q_1 e q_2 dos bens será dada pela função:

$$L = R - C,$$

ou

$$L = q_1^2 + 0,4q_2^2 + 3,2q_1\,q_2 - 170q_1 - 140q_2 - \left(q_1^2 + 0,25q_1\,q_2 + 0,5q_2^2 + 10 \right)$$

ou

$$L = -0,1q_2^2 + 2,95q_1\,q_2 - 170q_1 - 140q_2 - 10$$

3. Sejam p_v e p_f os preços por kg respectivamente das carnes de vaca e de frango. A quantidade de carne de vaca procurada por uma família em determinado período pode ser expressa como função das variáveis p_v e p_f.

Por exemplo, pela função:

$$q_v = 20 - 0,5p_v + 0,20\,p_f$$

o que nos permite observar que, quando cresce o preço da carne de vaca (p_v), diminui o consumo correspondente. Entretanto, um aumento no preço p_f da carne de frango provoca aumento no consumo da carne de vaca, por substituição.

4. A produção de um cereal, por exemplo, o milho, depende dos níveis de adição de nitrogênio e fósforo acrescentados à terra por meio do uso de fertilizante.

Desta forma, podemos imaginar a produção de milho, como função das quantidades de nitrogênio (N) e fósforo (P) adicionadas por hectare plantado. A forma desta função poderia ser, por exemplo:

$$q = 10 + 1,00N + 1,02\,P + 0,23\,N^2 + 0,32\,P^2 + 30\,NP$$

5. A produção de bens pode ser quase sempre expressa como função de dois fatores: a mão-de-obra (T) e o capital (C).

Um dos exemplos mais conhecidos é dado pela função de produção de *Cobb-Douglas*:

$$P = k \cdot T^\alpha \cdot C^\beta,$$

onde P é a quantidade produzida, k, α e β são constantes positivas com $\alpha + \beta = 1$.

36 MATEMÁTICA

Uma forma particular desta função pode ser, por exemplo:

$$P = 0.5 \cdot T^{0.5} \cdot C^{0.5}$$

ou

$$P = 0.8 \cdot T^{0.4} \cdot C^{0.6}$$

que são funções das variáveis mão-de-obra (T) e capital (C).

Voltaremos mais adiante a estudar de forma detalhada esta importante função.

2.3 IGUALDADE DE FUNÇÕES

Sejam f e g funções tais que $f: D_1 \to R$ e $g: D_2 \to R$ com D_1 e D_2 subconjuntos do R^n.

Diz-se que $f = g$ quando $D_1 = D_2$ e $f(x_1, x_2, ..., x_n) = g(x_1, x_2, ..., x_n)$, qualquer que seja $(x_1, x_2, ..., x_n) \in D_1$. Assim, são consideradas distintas as funções $f: D_1 \to R$ tal que $f(x, y) = xy$ com $D_1 = R^2$ e $g: D_2 \to R$ tal que $g(x, y) = xy$ com $D_2 = \{(x, y) \in R^2 \mid x \geq 0, y \geq 0\}$.

2.4 DOMÍNIO DA FUNÇÃO DEFINIDA POR UMA IGUALDADE

Vimos que, ao definir uma função, começamos por mencionar explicitamente o seu domínio D, pois este procedimento faz parte da definição da função. Consideremos agora a igualdade $z = x + y$ com $(x, y) \in R^2$. É claro que $z = x + y$ define em R^2 a função f tal que $f(x, y) = x + y$. Tomemos o conjunto $D = \{(x, y) \in R^2 \mid 0 \leq x \leq 4, 0 \leq y \leq 5\}$.

A igualdade $z = x + y$ define também em D a função g tal que $g(x, y) = x + y$ e de acordo com o conceito de igualdade de funções temos $f \neq g$. Resulta, portanto, que a mesma expressão pode definir funções diferentes, bastando para isto tomar (x, y) variando em subconjuntos distintos no plano. Para resolver esta dificuldade, vamos estabelecer o seguinte: quando nos referirmos à função definida pela igualdade $z = x + y$, estaremos considerando a função f cujo domínio D é o conjunto de todos os pontos $(x, y) \in R^2$ para os quais $x + y$ é um número real. No caso presente, $D = R^2$. Fixada esta conversão, faz sentido, então, propor exercícios como o seguinte: determinar o domínio da função definida por $z = \dfrac{1}{x + y}$. O que pretendemos é o subconjunto D de todos os pontos do plano, no qual a expressão dada define uma função. No caso, $D = \{(x, y) \in R^2 \mid x + y \neq 0\}$, isto é, o plano todo menos os pontos da reta $y = -x$. Portanto, a função definida pela expressão $z = \dfrac{1}{x+y}$ é a função $f: D \to R$, tal que $f(x, y) = \dfrac{1}{x+y}$ com $D = \{(x, y) \in R^2 \mid x + y \neq 0\}$.

No decorrer deste livro, quando quisermos referir-nos, por exemplo, à função $f: R^2 \to R$ definida por $z = x + y$, diremos simplesmente: consideremos a função dada por $z = x + y$. Tal procedimento tem a finalidade de simplificar o enunciado dos exercícios, dos teoremas e da argumentação a ser usada.

As considerações que acabamos de fazer se estendem às correspondentes situações para as funções com qualquer número de variáveis.

EXERCÍCIOS RESOLVIDOS

Determinar e representar graficamente o domínio da função dada em cada um dos exemplos seguintes:

1. $z = \sqrt{3xy}$

Para que $\sqrt{3xy}$ seja um número real, devemos ter $3xy \geq 0$, ou seja, $xy \geq 0$, pois o índice da raiz é par. Logo $D = \{(x, y) \in R^2 \mid x \geq 0 \text{ e } y \geq 0 \text{ ou } x \leq 0 \text{ e } y \leq 0\}$, cuja representação gráfica é dada pela parte sombreada da Figura 2.1.

2. $z = \sqrt{x + y}$

Como no caso anterior, devemos ter $x + y \geq 0$. Logo, $D = \{(x, y) \in R^2 \mid y \geq -x\}$ (Figura 2.2).

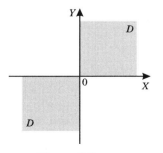

Figura 2.1

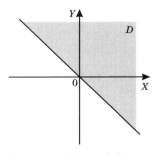

Figura 2.2

3. $z = \sqrt{16 - x^2 - y^2}$

Para que $\sqrt{16 - x^2 - y^2}$ seja um número real, devemos ter $16 - x^2 - y^2 \geq 0$, isto é, $x^2 + y^2 \leq 16$. Portanto, $D = \{(x, y) \in R^2; x^2 + y^2 \leq 16\}$ (Figura 2.3).

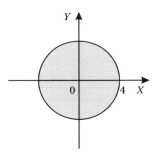

Figura 2.3

4. $z = e^{x-y}$

Neste caso, $e^{x-y} \in R$, quaisquer que sejam x e y reais. Então, $D = R^2$, isto é, o plano todo.

5. $z = e^{1/xy}$

Para que $e^{1/xy}$ seja um número real devemos ter $xy \neq 0$. Logo, $D = \{(x, y) \in R^2 \mid x \neq 0 \text{ e } y \neq 0\}$, isto é, o plano todo menos os pontos localizados sobre os eixos.

6. $z = \sqrt{\ln(x + y)}$

Para que $\sqrt{\ln(x + y)}$ seja um número real devemos ter $\ln(x + y) \geq 0$ e, portanto, $x + y \geq 1$. Então, $D = \{(x, y) \in R^2; y \geq 1 - x\}$ (Figura 2.4).

7. $z = \dfrac{4x + 5y}{3x - 2y}$

Para que $\dfrac{4x + 5y}{3x - 2y}$ seja um número real devemos ter $3x - 2y \neq 0$. Logo, $D = \{(x, y) \in R^2 \mid y \neq \dfrac{3x}{2}\}$, isto é, o plano todo menos os pontos da reta $y = \dfrac{3x}{2}$ (Figura 2.5).

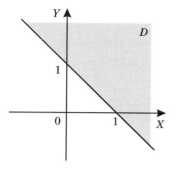

Figura 2.4

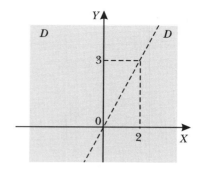

Figura 2.5

EXERCÍCIOS PROPOSTOS

Determinar e representar graficamente o domínio das funções dadas por:

1. $z = xy$

2. $z = \dfrac{1}{xy}$

3. $z = \dfrac{1}{x} + \dfrac{1}{y}$

4. $z = \sqrt{xy}$

5. $z = \dfrac{3x+1}{2x+y}$

6. $z = \sqrt{2x-5y}$

7. $z = \dfrac{1}{\sqrt{x}} + \sqrt{y}$

8. $z = \ln(xy)$

9. $z = \ln(x+y)$

10. $z = \dfrac{1}{x} e^{x+y}$

11. $z = \dfrac{4x-3y}{y-x^2}$

12. $z = \dfrac{5x+y}{y-\sqrt{x}}$

13. $z = \dfrac{\dfrac{1}{y} - \dfrac{1}{x^2}}{4x^2+1}$

14. $z = 3xy^2 - 2xy + 1$

15. $z = \dfrac{1}{2} x^{0,2} \cdot y^{0,8}$

16. $z = x\sqrt{y}$

17. $z = \dfrac{1}{xy} \sqrt{xy-1}$

18. $z = \dfrac{1}{x^2-4} + \dfrac{1}{y^2-9}$

19. $z = \sqrt{x^2+y^2}$

20. $z = \ln(x|y|)$

21. $z = \sqrt{\ln(xy)}$

22. $z = \dfrac{x^3+y^2}{y-x^3}$

23. $z = \dfrac{1}{xy-1} + \dfrac{1}{y+1}$

24. $z = \dfrac{4xy}{\sqrt{2x-y}}$

40 MATEMÁTICA

RESPOSTAS

1. $D = R^2$

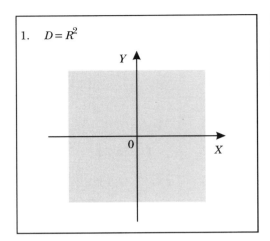

2. $D = \{(x, y) \in R^2 \mid x \neq 0 \text{ e } y \neq 0\}$

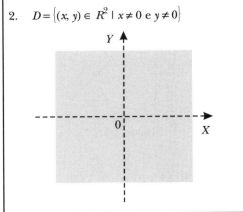

3. $D = \{(x, y) \in R^2 \mid x \neq 0 \text{ e } y \neq 0\}$

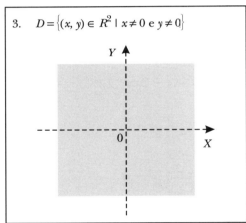

4. $D = \{(x, y) \in R^2 \mid x \geq 0 \text{ e } y \geq 0 \text{ ou } x \leq 0 \text{ e } y \leq 0\}$

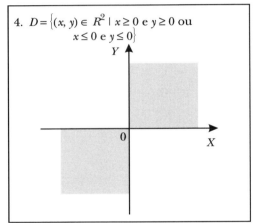

5. $D = \{(x, y) \in R^2 \mid y \neq -2x\}$

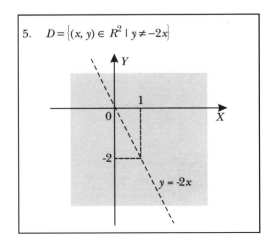

6. $D = \{(x, y) \in R^2 \mid y \leq \frac{2}{5} x\}$

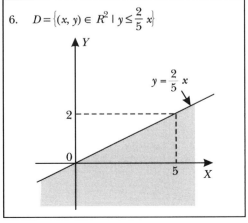

7. $D = \{(x, y) \in R^2 \mid x > 0 \text{ e } y \geq 0\}$

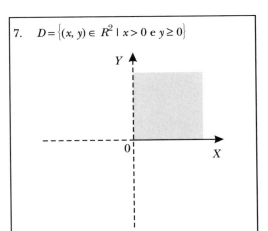

8. $D = \{(x, y) \in R^2 \mid x > 0 \text{ e } y > 0 \text{ ou } x < 0 \text{ e } y < 0\}$

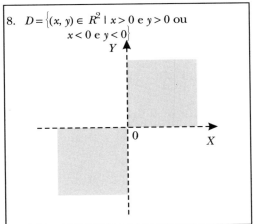

9. $D = \{(x, y) \in R^2 \mid y > -x\}$

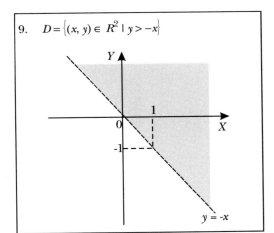

10. $D = \{(x, y) \in R^2 \mid x \neq 0\}$

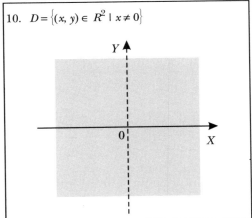

11. $D = \{(x, y) \in R^2 \mid y \neq x^2\}$

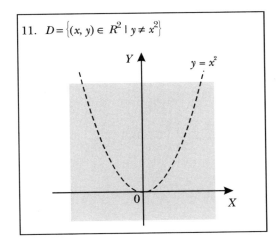

12. $D = \{(x, y) \in R^2 \mid y \neq \sqrt{x} \text{ e } x \geq 0\}$

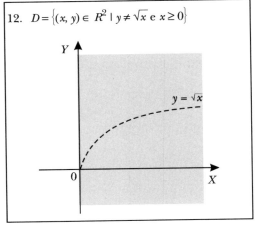

13. $D = \{(x, y) \in R^2 \mid x \neq 0 \text{ e } y \neq 0\}$

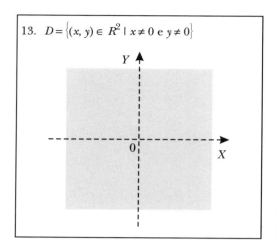

14. $D = R^2$

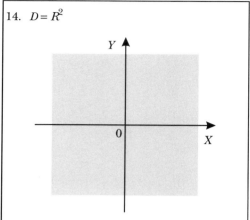

15. $D = \{(x, y) \in R^2 \mid x \geq 0 \text{ e } y \geq 0\}$

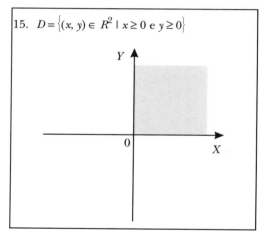

16. $D = \{(x, y) \in R^2 \mid y \geq 0\}$

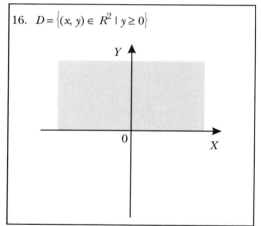

17. $D = \{(x, y) \in R^2 \mid x \neq 0 \text{ e } y \neq 0 \text{ e } xy \geq 1\}$

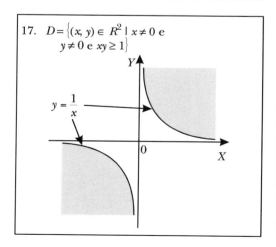

18. $D = \{(x, y) \in R^2 \mid x \neq \pm 2 \text{ e } y \neq \pm 3\}$

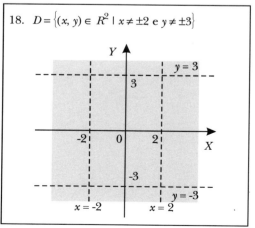

19. $D = R^2$

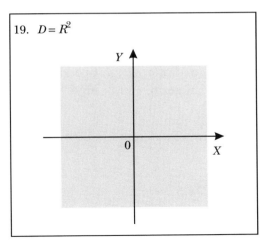

20. $D = \{(x, y) \in R^2 \mid x > 0 \text{ e } y \neq 0\}$

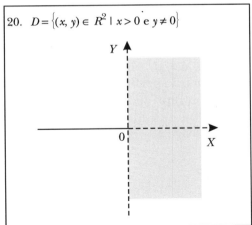

21. $D = \{(x, y) \in R^2 \mid xy \geq 1\}$

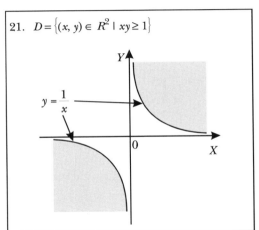

22. $D = \{(x, y) \in R^2 \mid y \neq x^3\}$

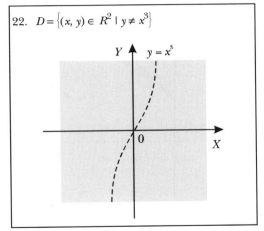

23. $D = \{(x, y) \in R^2 \mid xy \neq 1 \text{ e } y \neq -1\}$

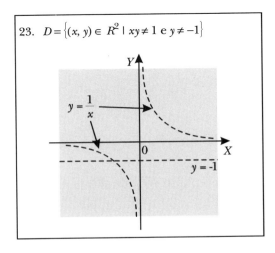

24. $D = \{(x, y) \in R^2 \mid y < 2x\}$

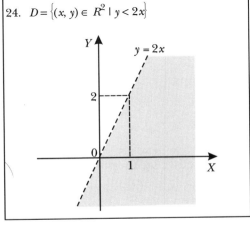

2.5 REPRESENTAÇÃO GRÁFICA

Seja f uma função de duas variáveis e seja D o domínio de f. O conjunto $G = \{(x, y, z) \in R^3 \mid (x, y) \in D \text{ e } z = f(x, y)\}$ recebe o nome de gráfico de f. A representação gráfica do conjunto G dá origem, em geral, a uma superfície que constitui a representação gráfica de f (Figura 2.6).

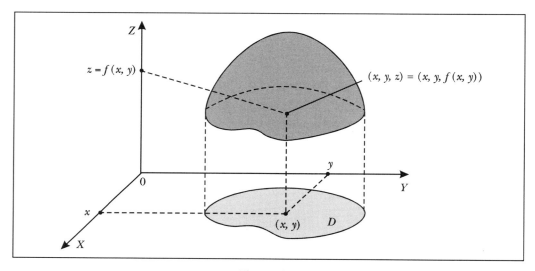

Figura 2.6

A representação gráfica de uma função de duas variáveis não é, em geral, um problema fácil, pois envolve a representação gráfica de uma superfície no R^3. Alguns casos, como os que aparecem nos exemplos a seguir, são particularmente simples.

1. Consideremos a função $f: R^2 \to R$ tal que $z = f(x, y) = 4$

Temos:

$$G = \{(x, y, z) \in R^3 \mid (x, y) \in R^2 \text{ e } z = 4\},$$

e sua representação gráfica é um plano paralelo ao plano XY e de altura 4 (Figura 2.7).

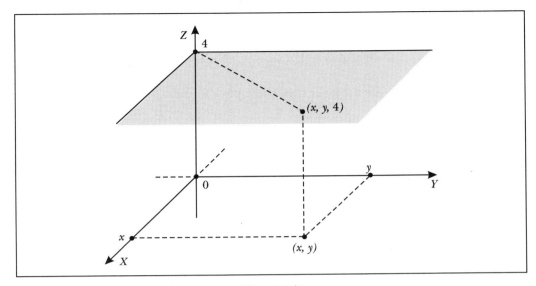

Figura 2.7

2. Seja f a função definida no R^2 e dada por $z = f(x, y) = x + y$

Temos:

$$G = \{(x, y, z) \in R^3 \mid (x, y) \in R^2 \text{ e } z = x + y\},$$

e sua representação gráfica é um plano pela origem (Figura 2.8).

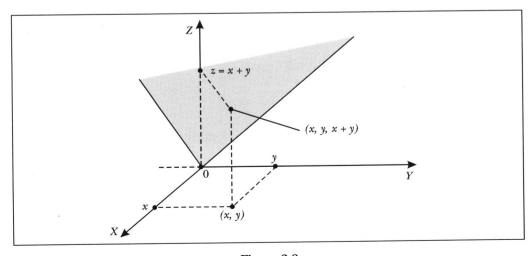

Figura 2.8

3. Dada a função f por $z = f(x, y) = x^2 + y^2$ com $(x, y) \in R^2$ temos:

$$G = \{(x, y, z) \in R^3 \mid (x, y) \in R^2 \text{ e } z = x^2 + y^2\}$$

e sua representação gráfica é uma superfície parabolóide (Figura 2.9).

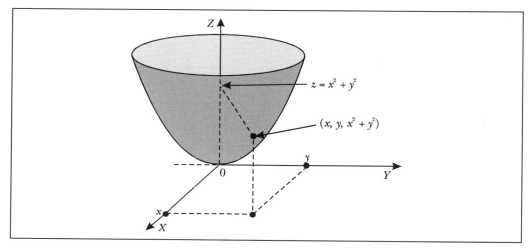

Figura 2.9

2.6 CURVAS DE NÍVEL E CURVAS DE INDIFERENÇA

2.6.1 Curvas de Nível

Sejam f uma função definida num subconjunto D do R^2 e c um dos valores da função em D.

O conjunto dos pontos $(x, y) \in D$ e tais que

$$f(x, y) = c$$

é, em geral uma curva, e recebe o nome de curva de nível da função f, correspondente ao nível c.

Exemplos:

1. Consideremos a função f dada por $z = y - x$, com $(x, y) \in R^2$. O conjunto dos pontos $(x, y) \in R^2$ e tais que

$$z = y - x = 1$$

é a reta de equação $y - x = 1$, que é a curva de nível da função f correspondente ao nível $c = 1$. Observemos que sobre todo ponto desta reta a função dada tem sempre o mesmo valor 1 (Figura 2.10).

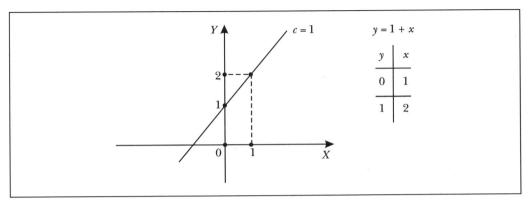

Figura 2.10

2. Seja agora a função f definida no R^2 e dada por $z = y - x^2$. O conjunto dos pontos $(x, y) \in R^2$ e tais que

$$z = y - x^2 = 0$$

é a parábola de equação $y = x^2$, que é a curva de nível de f correspondente ao nível $c = 0$ (Figura 2.11).

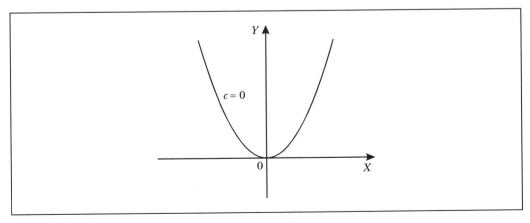

Figura 2.11

Observemos novamente que sobre todo ponto (x, y) desta curva a função f tem valor zero.

Observação: Sejam f uma função definida num subconjunto D do R^2 e S a superfície que é o gráfico de f.

A curva de nível de f correspondente ao nível c pode ser obtida por projeção ortogonal sobre o plano XY da curva determinada sobre a superfície S, pelo plano de equação $z = c$ (Figura 2.12).

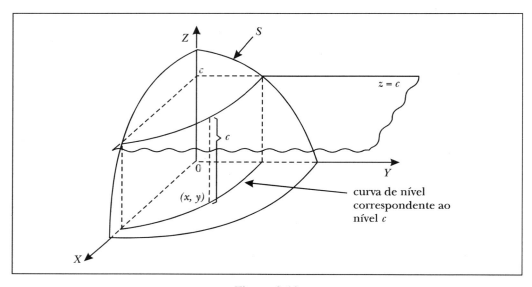

Figura 2.12

EXERCÍCIOS RESOLVIDOS

Determinar e representar graficamente as curvas de nível das funções seguintes, correspondentes aos níveis indicados.

1. $z = y - x$; $c = 0$, $c = 2$, $c = 4$.

    $c = 0 \Longrightarrow z = y - x = 0 \therefore y - x = 0 \therefore y = x$

    $c = 2 \Longrightarrow z = y - x = 2 \therefore y - x = 2 \therefore y = 2 + x$

    $c = 4 \Longrightarrow z = y - x = 4 \therefore y - x = 4 \therefore y = 4 + x$

    Solução: Figura 2.13.

2. $z = y - x^2$; $c = 1$, $c = 2$, $c = 3$.

   $c = 1 \Longrightarrow z = y - x^2 = 1$ ∴ $y = 1 + x^2$

   $c = 2 \Longrightarrow z = y - x^2 = 2$ ∴ $y = 2 + x^2$

   $c = 3 \Longrightarrow z = y - x^2 = 3$ ∴ $y = 3 + x^2$

   Solução: Figura 2.14.

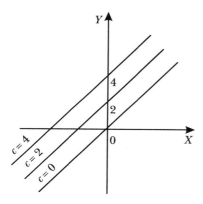

Figura 2.13

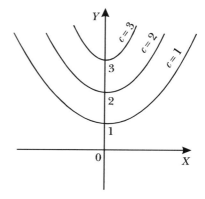

Figura 2.14

3. $z = x^2 + y^2$; $c = 1$, $c = 4$, $c = 9$.

   $c = 1 \Longrightarrow z = x^2 + y^2 = 1$ ∴ $x^2 + y^2 = 1$

   $c = 4 \Longrightarrow z = x^2 + y^2 = 4$ ∴ $x^2 + y^2 = 4$

   $c = 9 \Longrightarrow z = x^2 + y^2 = 9$ ∴ $x^2 + y^2 = 9$

   Solução: Figura 2.15.

4. $z = xy$ com $x > 0$, $y > 0$; $c = 1$, $c = 4$.

   $c = 1 \Longrightarrow z = xy = 1$ ∴ $y = \dfrac{1}{x}$

   $c = 4 \Longrightarrow z = xy = 4$ ∴ $y = \dfrac{4}{x}$

   Solução: Figura 2.16.

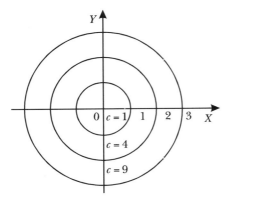
Figura 2.15

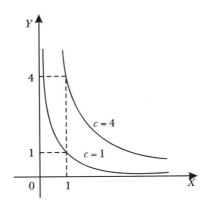
Figura 2.16

Observação: Sejam C_1 e C_2 duas curvas de nível de uma função f, correspondentes a níveis diferentes c_1 e c_2. Então C_1 e C_2 não podem ter ponto comum. De fato, se $(x, y) \in C_1$ temos $f(x, y) = c_1$; se (x, y) pertence também a C_2 temos $f(x, y) = c_2$ o que é um absurdo se $c_1 \neq c_2$, pois, f teria num mesmo ponto (x, y) dois valores distintos.

EXERCÍCIOS PROPOSTOS

Representar graficamente as curvas de nível das funções seguintes, correspondentes aos níveis indicados:

1. $z = x + y$; $c = 0$, $c = 1$, $c = 2$
2. $z = 2x + 3y$; $c = 0$, $c = 2$, $c = 4$
3. $z = xy$; $c = 0$, $c = 2$, $c = 4$
4. $z = y - \sqrt{x}$; $c = 0$, $c = 1$, $c = 2$
5. $z = x^2 + y^2$; $c = 4$, $c = 9$, $c = 16$
6. $z = y - x^2$; $c = 0$, $c = 2$
7. $z = y - x^3$; $c = 0$, $c = 2$
8. $z = x^2 + 4y^2$; $c = 1$, $c = 4$
9. $z = y - \ln x$; $c = 0$, $c = 2$
10. $z = \dfrac{y}{x}$; $c = 0$, $c = 2$, $c = 3$

FUNÇÕES DE VÁRIAS VARIÁVEIS 51

RESPOSTAS

1.
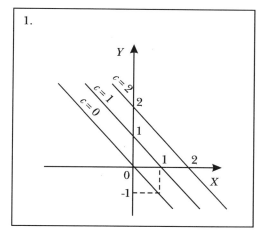

2.
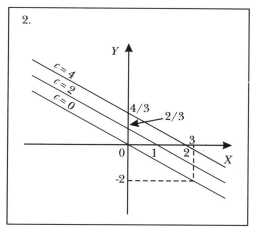

3.
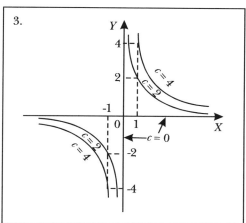

4.
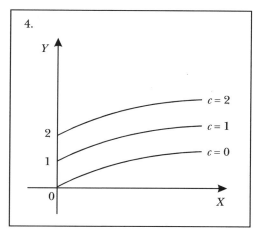

5.
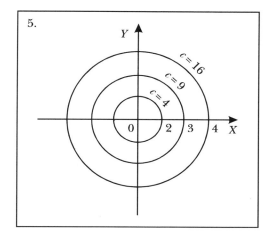

6.
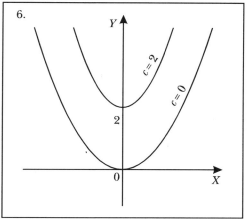

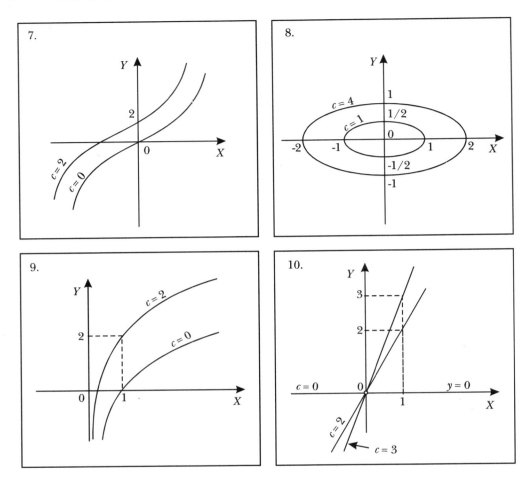

2.6.2 Curvas de Indiferença

Seja f uma função definida num subconjunto D do R^2 constituído de pontos (x, y) tais que $x \geq 0$, $y \geq 0$, e suponhamos que f tenha uma curva de nível C correspondente a dado nível c.

Quando C é *decrescente* e tem *concavidade voltada para cima* dizemos que C é uma curva de indiferença de f.

Exemplos:

1. Mostrar que a curva de nível 150 da função $z = y - x^2 + 25x$, $0 \leq x \leq 10$, é uma curva de indiferença.

Solução:

A curva de nível 150 é dada pela equação.

$$y - x^2 + 25x = 150,$$

de onde vem:

$$y = x^2 - 25x + 150$$

Derivando y em relação a x, obtemos:

$$y' = 2x - 25$$

que é negativo, pois $0 \leq x \leq 10$.

Portanto, a curva de nível é decrescente.

Derivando a segunda vez, obtemos:

$$y'' = 2 > 0,$$

isto é, a curva tem concavidade voltada para cima.

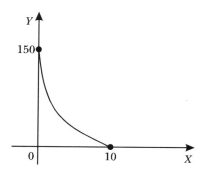

Portanto, trata-se de uma curva de indiferença.

54 MATEMÁTICA

2. Mostrar que a função $z = 0,5\, e^{y+\sqrt{x}}$, $x > 0$ apresenta uma curva de indiferença ao nível $z = 20$.

Solução:

A curva de nível correspondente ao nível $z = 20$, é dada pela equação:

$$0,5\, e^{y+\sqrt{x}} = 20$$

ou $$e^{y+\sqrt{x}} = 40.$$

Aplicando logaritmos e suas propriedades, obtemos:

$$y + \sqrt{x} = \ln 40$$

ou $$y = -\sqrt{x} + \ln 40.$$

A primeira derivada é dada por,

$$y' = -\frac{1}{2\sqrt{x}} < 0$$

Portanto, a curva é decrescente.

Derivando novamente obtemos,

$$y'' = \frac{1}{4\,x\sqrt{x}}$$

Como $x > 0$ devemos ter $y'' > 0$, o que indica que a curva tem concavidade voltada para cima.

Portanto, a curva de nível correspondente ao nível $z = 20$ é uma curva de indiferença.

EXERCÍCIOS PROPOSTOS

Verificar se as curvas correspondentes aos níveis c dados são ou não curvas de indiferença.

1. $z = 4xy$, $\quad\quad\quad c = 20$
2. $z = y - (x-5)^2$, $\quad c = 0$
3. $z = e^{x \cdot y}$, $\quad\quad\quad c = 10$
4. $z = y - \ln x$, $\quad\quad c = 5$
5. $z = x \cdot \sqrt{y} - 15$, $\quad c = 10$

2.7 FUNÇÕES HOMOGÊNEAS

Seja f uma função definida num subconjunto D do R^n. Dizemos que f é homogênea de grau m quando quaisquer que sejam $(x_1, x_2, ..., x_n) \in D$ e $\lambda > 0$ tivermos

1. $(\lambda x_1, \lambda x_2, ... \lambda x_n) \in D$ e
2. $f(\lambda x_1, \lambda x_2, ... \lambda x_n) = \lambda^m f(x_1, x_2, ..., x_n)$.

O número real m recebe o nome de grau de homogeneidade de f.

Exemplos:

1. A função $f: R^2 \to R$ tal que $f(x, y) = x^2 + y^2$ é homogênea de grau $m = 2$, pois:

1. Se $(x, y) \in R^2$ e $\lambda > 0$, então $\lambda x \in R$ e $\lambda y \in R$. Portanto, $(\lambda x, \lambda y) \in R^2$
2. $f(\lambda x, \lambda y) = (\lambda x)^2 + (\lambda y)^2 = \lambda^2 x^2 + \lambda^2 y^2 = \lambda^2 (x^2 + y^2)$, ou
   $f(\lambda x, \lambda y) = \lambda^2 f(x, y)$.

2. A função $f: R^2 \to R$ tal que $f(x, y) = xy$ é homogênea de grau $m = 2$, pois quaisquer que sejam $(x, y) \in R^2$ e $\lambda > 0$, temos:

1. $(\lambda x, \lambda y) \in R^2$
2. $f(\lambda x, \lambda y) = (\lambda x)(\lambda y) = \lambda^2 xy = \lambda^2 f(x, y)$.

3. Consideramos a função f dada por $z = \dfrac{1}{x^2 + y^2}$, que tem por domínio o conjunto $D = \{(x, y) \in R^2 \mid x \neq 0 \text{ ou } y \neq 0\}$. Ora, quaisquer que sejam $(x, y) \in D$, $\lambda \in R, \lambda > 0$ temos

1. $(\lambda x, \lambda y) \in R^2$
2. $f(\lambda x, \lambda y) = \dfrac{1}{(\lambda x)^2 + (\lambda y)^2} = \dfrac{1}{\lambda^2 (x^2 + y^2)} =$

$$= \lambda^{-2} \dfrac{1}{x^2 + y^2} = \lambda^{-2} f(x, y),$$

isto é,

$$f(\lambda x, \lambda y) = \lambda^{-2} f(x, y)$$

Portanto, f é homogênea de grau $m = -2$.

56 MATEMÁTICA

4. A função $f: R^2 \to R$ tal que $f(x, y) = x^2 + y^2 + 4$ não é homogênea. De fato, não existe $m \in R$ tal que $f(\lambda x, \lambda y) = \lambda^m f(x, y)$, qualquer que seja $\lambda > 0$.

Observação: Se f é uma função homogênea de grau m e se é conhecido o valor de f num ponto $(x_1, x_2, ..., x_n)$, então é possível determinar o valor de f em todo ponto do tipo $(\lambda x_1, \lambda x_2, ..., \lambda x_n)$, pois segundo a definição:

$$f(\lambda x_1, \lambda x_2, ..., \lambda x_n) = \lambda^m f(x_1, x_2, ..., x_n).$$

Por exemplo, se f é homogênea de grau 3 e se $f(3, 5) = 10$, então,

$$f(6, 10) = 2^3 f(3, 5) = 80$$

EXERCÍCIOS PROPOSTOS

1. Determinar dentre as funções seguintes quais as homogêneas e o respectivo grau de homogeneidade:

1.1 $z = 4x + 5y$

1.2 $z = 10x^2 + 5y^2 + xy$

1.3 $z = x^2 y + xy^3$

1.4 $z = x^3 y^4 - \dfrac{1}{2} x^2 y^5 + 4x^5 y^2$

1.5 $z = x^3 + y^3 + 10$

1.6 $\omega = xyz$

1.7 $\omega = x^2 y + y^2 z + z^3$

1.8 $\omega = q_1 q_2$

1.9 $z = \dfrac{x + y}{x^2 + y^2}$

1.10 $z = \dfrac{x}{y^4}$

1.11 $z = \sqrt{x^2 + y^2}$

1.12 $z = \dfrac{x + y}{x - y}$

1.13 $z = \dfrac{\sqrt{x}}{x - y}$

2. Sabendo-se que f é homogênea de grau $m = 4$ e que $f(1, 2) = 2$, calcular $f(3, 6)$.

3. Sabendo-se que f é homogênea de grau $m = \dfrac{1}{2}$ e que $f(4, 8) = 100$, calcular $f(1, 2)$.

RESPOSTAS

1.1 homogênea: $m = 1$

1.2 homogênea: $m = 2$

1.3 não homogênea

1.4 homogênea: $m = 7$

1.5 não homogênea

1.6 homogênea: $m = 3$

1.7 homogênea: $m = 3$

1.8 homogênea: $m = 2$

1.9 homogênea: $m = -1$

1.10 homogênea: $m = -3$

1.11 homogênea: $m = 1$

1.12 homogênea: $m = 0$

1.13 homogênea: $m = -\dfrac{1}{2}$

2. 162   3. 50

2.8 APLICAÇÕES ECONÔMICAS DAS FUNÇÕES HOMOGÊNEAS

1. Uma função comumente referenciada em Análise Econômica é aquela que expressa a produção como função de dois fatores básicos: o trabalho (T) e o capital (C). É dada por:

$$P = K \cdot T^{\alpha} C^{\beta}$$

onde:

$P \;\rightarrow\;$ é o produto resultante;

$T \;\rightarrow\;$ é o fator trabalho ou quantidade de mão-de-obra empregada;

$C \;\rightarrow\;$ é o capital empregado para a produção.

1.1. Nesta função, conhecida como função de produção de *Cobb-Douglas*, K, α e β são constantes positivas, com $\alpha + \beta = 1$, e tem os seguintes significados:

$K \qquad \rightarrow\;$ é um parâmetro de eficiência, um indicador do estado da tecnologia empregada na produção.

α e $\beta \;\rightarrow\;$ indicam a participação relativa dos fatores trabalho e capital no produto.

Por exemplo:

Se $P = 0,8\ T^{0,4}\ C^{0,6}$, podemos concluir que:

1. O valor do parâmetro de eficiência tecnológica é de 0,8.

2. O fator trabalho contribui relativamente com 40% do produto, enquanto o capital contribui relativamente com 60%.

58 MATEMÁTICA

1.2. As curvas de nível, correspondentes a níveis $P > 0$, são curvas de indiferença.

De fato, de

$$KT^\alpha C^\beta = P$$

vem:

$$T^\alpha = \frac{P}{K} C^{-\beta}$$

ou ainda:

$$T = \left(\frac{P}{K}\right)^{1/\alpha} C^{-\beta/\alpha}$$

expressão esta que dá o fator trabalho como função do fator capital. A curva de indiferença assim obtida é decrescente e tem concavidade voltada para cima.

De fato, temos:

$$\frac{\mathrm{d}T}{\mathrm{d}C} = -\left(\frac{\beta}{\alpha}\right)\left(\frac{P}{K}\right)^{1/\alpha} C^{-\frac{\beta}{\alpha}-1} < 0 \text{ (função decrescente)}$$

e

$$\frac{\mathrm{d}^2 T}{\mathrm{d}C^2} = \left(\frac{\beta}{\alpha}+1\right)\left(\frac{\beta}{\alpha}\right)\left(\frac{P}{K}\right)^{1/\alpha} C^{-\frac{\beta}{\alpha}-2} > 0 \text{ (concavidade voltada para cima).}$$

A figura seguinte mostra a representação gráfica das curvas de indiferença da função de *Cobb-Douglas*, correspondentes aos níveis $P = P_0$, $P = P_1$ e $P = P_2$ com $P_2 > P_1 > P_0$ (Figura 2.17).

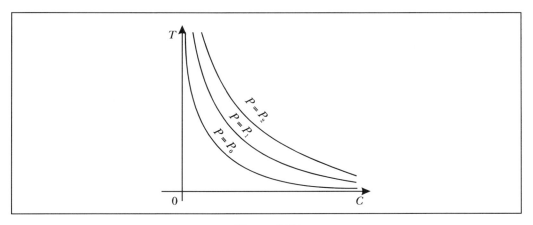

Figura 2.17

Tais curvas de indiferença recebem também o nome de isoquantas de produção.

1.3. A função de produção de *Cobb-Douglas*, $P = KT^\alpha C^\beta$, com $\alpha + \beta = 1$ é homogênea de grau $m = 1$. De fato, qualquer que seja $\lambda > 0$ temos:

1. $\lambda T > 0$ e $\lambda C > 0$ e
2. $P(\lambda T, \lambda C) = K(\lambda T)^\alpha (\lambda C)^\beta = \lambda^{\alpha+\beta} KT^\alpha C^\beta =$

$\qquad = \lambda P(T, C)$, pois, $\alpha + \beta = 1$.

1.4. Rendimentos em escala

Os rendimentos em escala descrevem a variação na quantidade produzida para um acréscimo percentual nos insumos. Se o percentual de aumento na produção for o mesmo dos insumos, então os rendimentos em escala serão constantes. Se o percentual de aumento na produção for maior, os rendimentos de escala serão crescentes. Caso contrário, os rendimentos de escala serão decrescentes.

Na função de produção:

$$P = 0{,}12 \cdot T^{0{,}3} \cdot C^{0{,}7},$$

mostrar que os rendimentos de escala são constantes.

60 MATEMÁTICA

Solução:

Vamos realizar um acréscimo percentual i nos insumos.

$$T \rightarrow T + i \cdot T = T(1 + i)$$
$$C \rightarrow C + i \cdot C = C(1 + i)$$

Então:

$$0{,}12 \left[T(1+i) \right]^{0{,}3} \cdot \left[C(1+i) \right]^{0{,}7} = 0{,}12 \, T^{0{,}3} (1+i)^{0{,}3} \cdot C^{0{,}7} (1+i)^{0{,}7} =$$
$$= 0{,}12 \, T^{0{,}3} \cdot C^{0{,}7} (1+i) = P(1+i),$$

isto é, a produção aumentou na mesma proporção. Portanto, a função de produção apresenta rendimentos constantes de escala.

1.5.   Outra expressão para a expressão de *Cobb-Douglas*.

Se na expressão da função de *Cobb-Douglas*

$$P = K \, T^{\alpha} C^{\beta}$$

dividirmos ambos os membros por T, obteremos:

$$\frac{P}{T} = K \cdot \frac{T^{\alpha} C^{\beta}}{T}$$

ou, como $\alpha + \beta = 1$

$$\frac{P}{T} = K \cdot \frac{T^{\alpha}}{T^{\alpha}} \cdot \frac{C^{\beta}}{T^{\beta}}$$

Então:

$$\frac{P}{T} = K \cdot \left(\frac{C}{T} \right)^{\beta}$$

ou

$$P = K \cdot T \left(\frac{C}{T} \right)^{\beta}$$

Isto mostra que o produto P pode ser escrito como função do nível do fator trabalho (T) e do fator relação capital-trabalho, $\dfrac{C}{T}$.

Esta expressão dá uma idéia clara da dependência que o volume produzido mantém com a razão de insumos $\frac{C}{T}$ usada na produção. Esta razão, também conhecida como "intensidades dos fatores", determina diferenças de desempenho dos fatores na produção das empresas industriais.

2. Função de utilidade $u = q_1 q_2$,

a. Dada a função de utilidade $u = q_1 q_2$, a curva de indiferença correspondente ao nível $u > 0$ é dada por:

$$q_1 q_2 = u$$

donde vem

$$q_2 = \frac{u}{q_1}$$

Observemos que:

a. $\dfrac{dq_2}{dq_1} = -\dfrac{u}{q_1^2} < 0$ (decrescente);

b. $\dfrac{d^2 q_2}{dq_1^2} = 2\dfrac{u}{q_1^3} > 0$ (concavidade voltada para cima).

A figura seguinte mostra as curvas de indiferença correspondentes aos níveis $u = 1$, $u = 2$, $u = 4$ (Figura 2.18).

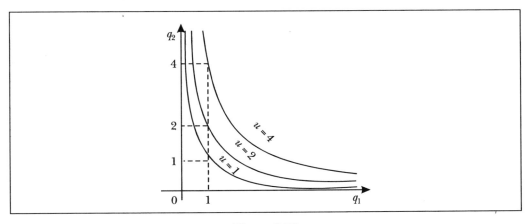

Figura 2.18

b. A função de utilidade dada por $u = q_1 \cdot q_2$ é homogênea de grau $m = 2$. De fato,

1. $\lambda q_1 > 0$ e $\lambda q_2 > 0$
2. $u(\lambda q_1, \lambda q_2) = (\lambda q_1) \cdot (\lambda q_2) = \lambda^2 \cdot q_1 \cdot q_2 = \lambda^2 \cdot u(q_1 q_2)$

3. Dada a função de utilidade $u = \dfrac{x+a}{c - \sqrt{y+b}}$, onde a, b e c são constantes positivas, a curva de indiferença correspondente ao nível $u > 0$ é dada por:

$$x = u(c - \sqrt{y+b}) - a$$

Observemos que,

a. $\dfrac{dx}{dy} = u\left(-\dfrac{1}{2}(y+b)^{-1/2}\right) < 0$ (decrescente)

b. $\dfrac{d^2x}{dy^2} = u\left(\dfrac{1}{4}(y+b)^{-3/2}\right) > 0$ (concavidade voltada para cima)

A figura seguinte mostra as curvas de indiferença de u, correspondentes aos níveis $u = 1$, $u = 2$, para o caso em que $a = 4$, $b = 3$, $c = 9$ (Figura 2.19).

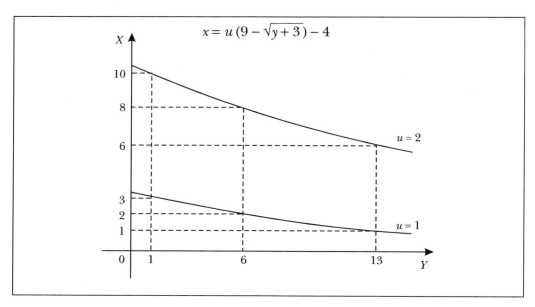

Figura 2.19

FUNÇÕES DE VÁRIAS VARIÁVEIS **63**

EXERCÍCIOS PROPOSTOS

1. Representar graficamente as curvas de indiferença da função de *Cobb-Douglas*, $P = 0,5 T^{0,5} C^{0,5}$, correspondentes aos níveis $P = 10, P = 20, P = 30$.

2. Representar graficamente as curvas de indiferença da função de utilidade $u = \dfrac{1}{4} q_1 q_2$ correspondentes aos níveis $u = 1$, $u = 2$, $u = 4$.

3. Dada a função de utilidade $u = (x - 5)^2 + (y - 4)^2$, com $0 < x < 5, 0 < y < 4$, mostrar que, para um nível $u > 0$, a curva de indiferença é um arco de circunferência. Representar graficamente as curvas de indiferença correspondentes aos níveis $u = 16$, $u = 25$, $u = 36$.

4. Se P é a função de *Cobb-Douglas*, mostrar que os produtos médios em relação aos fatores T e $C \left(\dfrac{P}{T} \text{ e } \dfrac{P}{C} \right)$, são funções homogêneas de grau $m = 0$.

5. Dada a função de produção: $P = 0,6\ T^{0,4} C^{0,8}$, mostrar que:

a. A função é homogênea.

b. Os rendimentos de escala são crescentes.

6. Dada a função $P = 0,8\ T^{0,2} C^{0,4}$, mostrar que:

a. A função é homogênea.

b. Os rendimentos de escala são decrescentes.

7. Dada a função de produção $P = T^2 - 2TC + 3C^2$, mostrar que:

a. A função é homogênea.

b. Os rendimentos de escala são crescentes.

8. Mostrar que o produto numa função Cobb-Douglas pode ser escrito como função do nível de capital C e da relação entre os fatores trabalho e capital $\dfrac{T}{C}$.

9. Seja $U = q_1^2 q_2^{0,5}$ a função de utilidade de dois produtos P_1 e P_2 para um consumidor.

a. Mostrar que a curva de nível 100 de u é uma curva de indiferença.

b. Calcular a quantidade de P_2 que substitui uma unidade de P_1 a partir do nível $q_1 = 6$.

64 MATEMÁTICA

10. Na função de Cobb-Douglas $P = 0,7 T^{0,3} C^{0,7}$, calcular o investimento necessário para substituir uma unidade de mão-de-obra a partir de $T = 50$, a fim de manter o nível do produto em $P = 100$.

11. Além da função de Cobb-Douglas, outra função comumente utilizada nos estudos econômicos é a função CES (*Constant elasticity of substitution* – elasticidade de substituição constante), dada por:

$$P = K \left[\alpha \cdot C^{-p} + (1 - \alpha) T^{-p} \right]^{-\frac{1}{p}}$$

onde: K – é o parâmetro de eficiência tecnológico, e desempenha o mesmo papel que na função de Cobb-Douglas.

α – parâmetro de distribuição ou participação relativa dos fatores no produto.

p – parâmetro de substituição. Determina o valor constante da elasticidade de substituição. Não aparece na função de Cobb-Douglas.

Considere uma particular função CES dada por:

$$P = 0,8 \left[0,6\, C^{-2} + (1 - 0,6)\, T^{-2} \right]^{-\frac{1}{2}}$$

a. Verificar que a função é homogênea de grau 1.

b. Mostrar que a curva de nível 50 é uma curva de indiferença.

2.9 LIMITE E CONTINUIDADE

2.9.1 Limite de uma Função num Ponto

Diremos que num ponto (x_0, y_0), uma função f de duas variáveis tem por limite um número L e escrevemos,

$$\lim_{(x, y) \to (x_0, y_0)} f(x, y) = L,$$

quando pontos do domínio de f "próximos" de (x_0, y_0) são levados, pela função f, a pontos próximos de L.

Trata-se, portanto, de uma maneira de descrever o comportamento dos valores de f nas proximidades do ponto (x_0, y_0).

FUNÇÕES DE VÁRIAS VARIÁVEIS **65**

Exemplo 1. Se f é a função constante tal que $f(x, y) = k$, então, $\lim_{(x, y) \to (x_0, y_0)} f(x, y) = k$, qualquer que seja o ponto $(x_0, y_0) \in R^2$. A afirmação é imediata, pois, f é constante.

Exemplo 2. Se f é tal que $f(x, y) = x$, então, $\lim_{(x, y) \to (x_0, y_0)} f(x, y) = x_0$, qualquer que seja $(x_0, y_0) \in R^2$.

De fato, se (x, y) é um ponto do R^2 "próximo" de (x_0, y_0), então, x é "próximo" de x_0 e, portanto, $f(x, y) = x$ é "próximo" de x_0.

Exemplo 3. De modo análogo podemos verificar que se f é tal que $f(x, y) = y$, então, $\lim_{(x, y) \to (x_0, y_0)} f(x, y) = y_0$, qualquer que seja $(x_0, y_0) \in R^2$.

Em consequência, podemos escrever:

(1) $f(x, y) = \dfrac{1}{2} \implies \lim_{(x, y) = (0, 1)} f(x, y) = \lim_{(x, y) \to (0, 1)} \left(\dfrac{1}{2} \right) = \dfrac{1}{2}$

(2) $f(x, y) = 10 \implies \lim_{(x, y) \to (0, 0)} f(x, y) = \lim_{(x, y) \to (0, 0)} (10) = 10$

(3) $f(x, y) = x \implies \lim_{(x, y) = (2, 4)} f(x, y) = \lim_{(x, y) \to (2, 4)} (x) = 2$

(4) $f(x, y) = x \implies \lim_{(x, y) \to (2, -1)} f(x, y) = \lim_{(x, y) \to (2, -1)} (x) = 2$

(5) $f(x, y) = y \implies \lim_{(x, y) \to (0, 8)} f(x, y) = \lim_{(x, y) \to (0, 8)} (y) = 8$

(6) $f(x, y) = y \implies \lim_{(x, y) \to (10, -1)} f(x, y) = \lim_{(x, y) \to (10, -1)} (y) = -1$

A linguagem utilizada até agora, embora expresse a idéia central do que venha a ser o limite de uma função num ponto, deixa a desejar do ponto de vista do rigor. De fato, o que significa dizer que (x, y) é "próximo" de (x_0, y_0) ou que $f(x, y)$ é "próximo" de L?

66 MATEMÁTICA

Para sanar esta questão é preciso reescrever o conceito de limite de uma forma mais precisa. Diremos, então, que num ponto (x_0, y_0) uma função f de duas variáveis tem por limite um número L e continuaremos a escrever,

$$\lim_{(x, y) \to (x_0, y_0)} f(x, y) = L,$$

quando dado arbitrariamente um número $\epsilon > 0$, existe em correspondência um círculo centrado em (x_0, y_0), tal que para todo ponto $(x, y) \neq (x_0, y_0)$ do interior deste círculo e que pertença ao domínio de f se tenha,

$$L - \epsilon < f(x, y) < L + \epsilon.$$

Dependendo da função, a pesquisa do limite num ponto, utilizando esta definição, pode não ser um problema simples, pois, pode ocorrer que se tenha que lidar com desigualdades nada triviais. No entanto, o leitor não deve se preocupar. Utilizando-a para pesquisar o limite de um número reduzido de funções simples e depois as propriedades fundamentais dos limites (limite da soma, do produto e do quociente) poderemos explicitar, com facilidade, os limites das principais funções que nos interessam. Vamos, então, utilizar esta última definição para justificar os resultados obtidos nos exemplos 1, 2 e 3, dados anteriormente.

(1) Se $f(x, y) = k$ (função constante), então, $\lim_{(x, y) \to (x_0, y_0)} f(x, y) = k$, qualquer que seja o ponto $(x_0, y_0) \in R^2$.

De fato, dado arbitrariamente um número $\epsilon > 0$, consideremos o intervalo aberto $I =]k - \epsilon, k + \epsilon[$ e tomemos um círculo centrado em (x_0, y_0) de raio $r = \epsilon$.

Para todo ponto $(x, y) \neq (x_0, y_0)$ do interior, deste capítulo temos $f(x, y) = k$, e portanto, $f(x, y) \in I$, o que resolve a questão.

(2) Se $f(x, y) = x$, então, $\lim_{(x, y) \to (x_0, y_0)} f(x, y) = x_0$, qualquer que seja $(x_0, y_0) \in R^2$.

Dado arbitrariamente um número $\epsilon > 0$, consideremos o intervalo $I =]x_0 - \epsilon, x_0 + \epsilon[$. Em correspondência, tomemos o círculo centrado em (x_0, y_0) de raio $r = \epsilon$. Para todo ponto $(x, y) \neq (x_0, y_0)$ do interior deste círculo temos $f(x, y) = x$ e $|x - x_0| < \epsilon$, ou seja, $-\epsilon < x - x_0 < \epsilon$, ou ainda, $x_0 - \epsilon < x < x_0 + \epsilon$. Logo, $x_0 - \epsilon < f(x, y) < x_0 + \epsilon$, o que encerra a questão.

(3) De modo análogo podemos mostrar que se $f(x, y) = y$, então, $\lim_{(x, y) \to (x_0, y_0)} f(x, y) = y_0$, qualquer que seja $(x_0, y_0) \in R^2$.

RESUMO

Temos, então, rigorosamente estabelecidos três resultados importantes, qualquer que seja $(x_0, y_0) \in R^2$:

(1) $f(x, y) = k \Rightarrow f(x, y) \to k$ quando $(x, y) \to (x_0, y_0)$
(2) $f(x, y) = x \Rightarrow f(x, y) \to x_0$ quando $(x, y) \to (x_0, y_0)$
(3) $f(x, y) = y \Rightarrow f(x, y) \to y_0$ quando $(x, y) \to (x_0, y_0)$

Observação sobre o ponto (x_0, y_0)

Quando investigamos o limite de uma função f num ponto (x_0, y_0) estamos interessados no comportamento dos valores de f nas proximidades de (x_0, y_0) e não no ponto (x_0, y_0). Portanto, (x_0, y_0) pode pertencer ou não ao domínio de f, mas, não pode ser um ponto qualquer. É preciso que (x_0, y_0) não seja um ponto isolado do domínio de f, ou seja, f deve estar definida nas proximidades de (x_0, y_0). Caso contrário, não há como falar em valores da função em pontos próximos de (x_0, y_0). Precisamente, (x_0, y_0) deve ser tal que todo círculo centrado em (x_0, y_0), por menor que seja o seu raio, contenha pelo menos um ponto (x, y) do domínio de f, diferente do ponto (x_0, y_0).

Exemplos:

(1) Seja $D = \{(x, y) \in R^2 \mid x^2 + y^2 < 4 \text{ e } (x, y) \neq (0, 0)\}$, cuja representação gráfica é um círculo de raio 2, centrado no ponto $(0, 0)$ menos a circunferência deste círculo e menos o ponto $(0, 0)$.

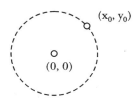

Se f é uma função definida em D, faz sentido pesquisar o limite de f em qualquer ponto de D, pois, neste caso, nenhum ponto de D é isolado. Mas, também, faz sentido pesquisar o limite de f tanto no ponto $(0, 0)$ quanto em qualquer ponto (x_0, y_0) da circunferência do círculo em questão, pois, embora eles não pertençam a D, não são pontos isolados do domínio da função.

(2) Seja D o conjunto da figura seguinte, isto é, o conjunto integrado pelos pontos do retângulo ABCD mais o ponto (x_0, y_0).

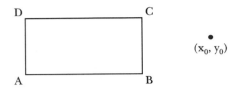

Se f é uma função definida em D, não faz sentido pesquisar o limite de f no ponto (x_0, y_0), pois, embora ele pertença a D, é um ponto isolado de D. Não há como falar em pontos de D próximos de (x_0, y_0) e diferentes de (x_0, y_0).

2.9.2 Limite da Soma, do Produto e do Quociente

Teorema 1. Se $f(x, y) \to L_1$ e $g(x, y) \to L_2$ quando $(x, y) \to (x_0, y_0)$, então,

(1) Limite da soma,
$$f(x, y) + g(x, y) \to L_1 + L_2 \text{ quando } (x, y) \to (x_0, y_0)$$

(2) Limite do produto,
$$f(x, y) \cdot g(x, y) \to L_1 + L_2 \text{ quando } (x, y) \to (x_0, y_0)$$

(3) Limite do quociente.
$$\frac{f(x, y)}{g(x, y)} \to \frac{L_1}{L_2} \text{ quando } (x, y) \to (x_0, y_0) \text{ se } L_2 \neq 0$$

A demonstração deste teorema pode ser encontrada, por exemplo, na referência bibliográfica [7].

EXERCÍCIOS RESOLVIDOS

1. Utilizando os exemplos 1, 2, 3 e o Teorema anterior, calcular os limites indicados.

1.1 $\lim\limits_{(x, y) \to (2, 4)} (1 + x + y)$

FUNÇÕES DE VÁRIAS VARIÁVEIS **69**

Sejam f, g e h funções auxiliares tais que,

$$f(x, y) = 1;\ g(x, y) = x\ \text{e}\ h(x, y) = y$$

Então, $1 + x + y = f(x, y)\, g(x, y) + h(x, y)$

Mas, $f(x, y) \to 1$ quando $(x, y) \to (2, 4)$ (Exemplo 1)

  $g(x, y) \to 2$ quando $(x, y) \to (2, 4)$ (Exemplo 2)

  $h(x, y) \to 4$ quando $(x, y) \to (2, 4)$ (Exemplo 3)

Logo, pelo teorema anterior (limite da soma),

$$f(x, y) + g(x, y) + h(x, y) \to 1 + 2 + 4 = 7 \text{ quando } (x, y) \to (2, 4)$$

Portanto,

$$\lim_{(x, y) \to (2, 4)} (1 + x + y) = 7$$

1.2 $\displaystyle\lim_{(x, y) \to (1, 2)} (x^2 + y^2)$

Sejam f e g as funções auxiliares:

$$f(x, y) = x\ \text{e}\ g(x, y) = y.$$

Então, $x^2 + y^2 = f(x, y)\, f(x, y) + g(x, y)\, g(x, y)$

Mas, $f(x, y) \to 1$ e $g(x, y) \to 2$ quando $(x, y) \to (1, 2)$ (Exemplos 2 e 3)

Logo, pelo teorema anterior (limites produto e limite da soma) temos.

$$f(x, y)\, f(x, y) + g(x, y)\, g(x, y) \to 1.1 + 2.2 = 5\ \text{ quando }\ (x, y) \to (1, 2).$$

Portanto,

$$\lim_{(x, y) \to (1, 2)} (x^2 + y^2) = 5$$

70 MATEMÁTICA

1.3 $\displaystyle\lim_{(x,\,y)\to(4,\,5)} \frac{x}{y}$

Sejam as funções auxiliares: $f(x, y) = x$ e $g(x, y) = y$.

Então,

$$\frac{x}{y} = \frac{f(x, y)}{g(x, y)}$$

Mas, $f(x, y) \to 4$ e $g(x, y) \to 5$ quando $(x, y) \to (4, 5)$

Logo, pelo teorema anterior (limite do quociente),

$$\frac{f(x, y)}{g(x, y)} \to \frac{4}{5} \quad \text{quando} \ (x, y) \to (4, 5)$$

Portanto,

$$\lim_{(x,\,y)\to(4,\,5)} \frac{x}{y} = \frac{4}{5}\,.$$

1.4 $\displaystyle\lim_{(x,\,y)\to(0,\,0)} \frac{3 + x^2 - y}{1 - x^2 + y^2}$

Funções auxiliares: $f(x, y) = 3, g(x, y) = x$; $h(x, y) = y$ e $u(x, y) = 1$

Então, $\dfrac{3 + x^2 - y}{1 - x^2 + y^2} = \dfrac{f(x, y) + g(x, y)\,g(x, y) - h(x, y)}{u(x, y) - g(x, y)\,g(x, y) + h(x, y)\,h(x, y)}$

Mas, $\quad f(x, y) \to 3, g(x, y) \to 0, h(x, y) \to 0$ e

$\quad\quad u(x, y) \to 1$ quando $(x, y) \to (0, 0)$ (Exemplos 1, 2 e 3)

Pelo teorema anterior, temos:

$$\frac{3 + x^2 - y}{1 - x^2 + y^2} \to \frac{3 + 0 - 0}{1 - 0 + 0} = 3 \quad \text{quando} \ (x, y) \to (0, 0)\,.$$

$$1.5 \qquad \lim_{(x,\,y)\,\to\,(1,\,2)} \quad (x^3 + 2xy^2 - 3x^2y)$$

Funções auxiliares: $f(x, y) = x$, $g(x, y) = 2$, $h(x, y) = y$, e $u(x, y) = 3$

Então, $x^3 + 2xy^2 - 3x^2y = \Big(f(x, y)\Big)^3 + g(x, y)\,f(x, y)\,\Big(h(x, y)\Big)^2 -$

$$- u(x, y)\Big(f(x, y)\Big)^2 h(x, y).$$

Pelo teorema anterior e os Exemplos 1, 2 e 3 temos:

$$\lim_{(x,\,y)\,\to\,(1,\,2)} \quad (x^3 + 2xy^2 - 3x^2y) = 1^3 + 2 \cdot 1 \cdot 2^2 - 3 \cdot 1^2 \cdot 2 = 3.$$

2. Mostrar que a função dada por $f(x, y) = \dfrac{1}{x+y}$ não tem limite no ponto $(0, 0)$.

A seqüência de pontos do R^2: $(1, 0)$, $\left(\dfrac{1}{2}, 0\right)$, $\left(\dfrac{1}{3}, 0\right)$, ..., $\left(\dfrac{1}{n}, 0\right)$, ... converge para o ponto $(0, 0)$. Mas a seqüência numérica correspondente, $f(1, 0)$, $f\left(\dfrac{1}{2}, 0\right)$, $f\left(\dfrac{1}{3}, 0\right)$, ... = 1, 2, 3, ... não é convergente, isto é, não se aproxima, em definitivo, de nenhum número L. Portanto, a função dada não tem limite no ponto $(0, 0)$.

3. Mostrar que a função dada por $f(x, y) = \ell n\,(x + y)$ não tem limite no ponto $(0, 0)$.

A seqüência de pontos do domínio de f, $(0, 1)$, $\left(0, \dfrac{1}{2}\right)$, $\left(0, \dfrac{1}{3}\right)$, ..., $\left(0, \dfrac{1}{n}\right)$, ... converge para o ponto $(0, 0)$. Mas a seqüência numérica correspondente,

$$f(0, 1), f\left(0, \frac{1}{2}\right), f\left(0, \frac{1}{3}\right), ..., f\left(0, \frac{1}{n}\right), ... =$$

$$= \ell n\,(1), \ell n\left(\frac{1}{2}\right), \ell n\left(\frac{1}{3}\right), ..., \ell n\left(\frac{1}{n}\right), ... =$$

$$= 0, -\ell n\,(2), -\ell n\,(3), ..., -\ell n\,(n), ...$$

não é convergente. Logo, a função dada não tem limite no ponto $(0, 0)$.

3. Mostrar que a função dada por

$$f(x, y) = \begin{cases} 10 & \text{se } x \leq 1 \\ 5 & \text{se } x > 1 \end{cases}$$

não tem limite no ponto $(1, y)$, qualquer que seja y.

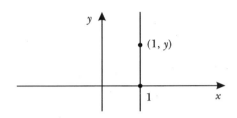

Dado um ponto $(1, y)$, seja $(x_1, y_1), (x_2, y_2), \ldots, (x_i, y_i), \ldots$ em que $x_i > 1$, $i = 1, 2, \ldots, n, \ldots$ e que seja convergente para $(1, y)$. A seqüência numérica correspondente, $f(x_1, y_1), f(x_2, y_2), \ldots, f(x_n, y_n), \ldots = 5, 5, \ldots, 5, \ldots$ converge para 5.

Consideremos agora uma seqüência $(x_1, y_1), (x_2, y_2), \ldots, (x_n, y_n), \ldots$ com $x_1 \leq 1$ e que seja convergente para $(1, y)$.

A seqüência numérica correspondente,

$f(x_1, y_1), f(x_2, y_2), \ldots, f(x_n, y_n), \ldots = 10, 10, \ldots, 10, \ldots$ converge para 10.

Portanto, a função dada não tem limite no ponto $(1, y)$, qualquer que seja y.

EXERCÍCIOS

Utilizando o Teorema 1 e os resultados:

① $\lim_{(x, y) \to (x_0, y_0)} (k) = k$

② $\lim_{(x, y) \to (x_0, y_0)} (x) = x_0$ e,

③ $\lim_{(x, y) \to (x_0, y_0)} (y) = y_0$,

Justificar as seguintes afirmações:

1. $\displaystyle\lim_{(x,\,y)\to(4,\,5)} (x+y) = 9$

2. $\displaystyle\lim_{(x,\,y)\to(2,\,5)} (1+x+y) = 8$

3. $\displaystyle\lim_{(x,\,y)\to(1,\,3)} (x^2+y^2) = 10$

4. $\displaystyle\lim_{(x,\,y)\to(0,\,5)} (5+x^2+y^2) = 30$

5. $\displaystyle\lim_{(x,\,y)\to(2,\,1)} (x^2+xy+y^2) = 7$

6. $\displaystyle\lim_{(x,\,y)\to(4,\,8)} \frac{1}{x+y} = \frac{1}{12}$

7. $\displaystyle\lim_{(x,\,y)\to(2,\,4)} \frac{x^2+3y^2+5}{4x^2-y^2+1} = 57$

8. $\displaystyle\lim_{(x,\,y)\to(1,\,1)} \left(\frac{1}{x^2+4}+\frac{2}{y^2+xy}\right) = \frac{6}{5}$

2.9.3 Limite de Algumas Funções Compostas

Observação:

(1)   Consideremos as funções f e u tais que $f(x,y) = e^{\,u(x,y)}$ e suponhamos que $\displaystyle\lim_{(x,\,y)\to(x_0,\,y_0)} u(x,y) = L$.

Então, pontos $(x,y) \neq (x_0, y_0)$ do domínio de u, "próximos" de (x_0, y_0) são levados a pontos $u(x,y)$ "próximos" de L. Mas, para estes pontos, os valores de $e^{u(x,y)}$ são "próximos" de e^L. Portanto, pontos "próximos" de (x_0, y_0) são levados pela função f a pontos "próximos" de e^L. Resulta, então, que

$$\lim_{(x,\,y)\to(x_0,\,y_0)} f(x,y) = \lim_{(x,\,y)\to(x_0,\,y_0)} e^{\,u(x,y)} = e^L, \text{ ou seja}$$

$$\lim_{(x,\,y)\to(x_0,\,y_0)} e^{\,u(x,y)} = e^{\,\lim_{(x,\,y)\to(x_0,\,y_0)} u(x,y)}$$

74 MATEMÁTICA

(2) Sejam as funções f e u tais que $f(x, y) = \ln\left(u(x, y)\right)$ e suponhamos que $\displaystyle\lim_{(x, y) \to (x_0, y_0)} u(x, y) = L > 0$. Com o mesmo raciocínio desenvolvido em (1) podemos concluir que pontos $(x, y) \neq (x_0, y_0)$ do domínio de u "próximos" de (x_0, y_0), são levados pela função f a pontos $f(x, y)$ "próximos" de $\ln(L)$ se $L > 0$.

Logo, $\displaystyle\lim_{(x, y) \to (x_0, y_0)} f(x, y) = \lim_{(x, y) \to (x_0, y_0)} \ln\left(u(x, y)\right) = \ln L$ se $L > 0$,

ou seja, $\displaystyle\lim_{(x, y) \to (x_0, y_0)} \ln\left(u(x, y)\right) = \ln\left(\lim_{(x, y) \to (x_0, y_0)} u(x, y)\right)$

(3) Consideremos as funções f e u tais que $f(x, y) = \sqrt{u(x, y)}$ e suponhamos que $\displaystyle\lim_{(x, y) \to (x_0, y_0)} u(x, y) = L \geq 0$. De novo, podemos constatar que pontos $(x, y) \neq (x_0, y_0)$, "próximos" de $(x_0\ y_0)$ são levados, pela função f, a pontos $f(x, y)$ "próximos" de $\sqrt{L}$ se $L \geq 0$.

Logo, podemos escrever:

$$\lim_{(x, y) \to (x_0, y_0)} f(x, y) = \lim_{(x, y) \to (x_0, y_0)} \sqrt{u(x, y)} = \sqrt{L} \text{ se } L \geq 0,$$

ou seja,

$$\lim_{(x, y) \to (x_0, y_0)} \sqrt{u(x, y)} = \sqrt{\lim_{(x, y) \to (x_0, y_0)} u(x, y)} \text{ se } \lim_{(x, y) \to (x_0, y_0)} u(x, y) \geq 0$$

O raciocínio que acabamos de desenvolver não constitui uma "demonstração" dos resultados obtidos. No entanto, eles são verdadeiros, pois, na verdade, vale o seguinte,

Teorema 2. Se $\displaystyle\lim_{(x, y) \to (x_0, y_0)} u(x, y) = L$, então

a. $\displaystyle\lim_{(x, y) \to (x_0, y_0)} e^{(u(x, y)} = e^{L}$

b. $\displaystyle\lim_{(x, y) \to (x_0, y_0)} \ln\left(u(x, y)\right) = \ln(L)$ se $L > 0$

c. $\displaystyle\lim_{(x, y) \to (x_0, y_0)} \sqrt{u(x, y)} = \sqrt{L}$ se $L \geq 0$

cuja demonstração não faremos aqui, por considerá-la fora dos objetivos deste texto.

EXEMPLOS

1. $\lim\limits_{(x,\,y)\to(2,\,3)} (x^2 + y^2) = 13 \quad \therefore \quad \lim\limits_{(x,\,y)\to(2,\,3)} e^{x^2+y^2} = e^{13}$

2. $\lim\limits_{(x,\,y)\to(0,\,0)} (x^2 + y^2) = 0 \quad \therefore \quad \lim\limits_{(x,\,y)\to(0,\,0)} e^{x^2+y^2} = e^0 = 1$

3. $\lim\limits_{(x,\,y)\to(2,\,4)} (xy) = 8 \quad \therefore \quad \lim\limits_{(x,\,y)\to(2,\,4)} \ln(xy) = \ln(8)$

4. $\lim\limits_{(x,\,y)\to(0,\,0)} (xy) = 0 \quad \therefore \quad \text{Não existe} \quad \lim\limits_{(x,\,y)\to(0,\,0)} \ln(xy)$

5. $\lim\limits_{(x,\,y)\to(0,\,1)} (1 + x^2 y) = 1 \quad \therefore \quad \lim\limits_{(x,\,y)\to(0,\,1)} \ln(1 + x^2 y) = \ln(1) = 0$

6. $\lim\limits_{(x,\,y)\to(-3,\,3)} (x^2 + y^2) = 9 \quad \therefore \quad \lim\limits_{(x,\,y)\to(-3,\,3)} \sqrt{x^2 + y^2} = \sqrt{9} = 3$

7. $\lim\limits_{(x,\,y)\to(1,\,4)} \left(\dfrac{x}{y}\right) = \dfrac{1}{4} \quad \therefore \quad \lim\limits_{(x,\,y)\to(1,\,4)} \sqrt{\dfrac{x}{y}} = \sqrt{\dfrac{1}{4}} = \dfrac{1}{2}$

2.9.4 Função Contínua num Ponto

Diremos que uma função f de duas variáveis é contínua num ponto (x_0, y_0) se f está definida neste ponto e se $\lim\limits_{(x,\,y)\to(x_0,\,y_0)} f(x, y) = f(x_0, y_0)$.

Diremos também que se f é contínua em todos os pontos de um conjunto $D \subset R^2$, f é contínua em D.

EXEMPLOS

1. A função f tal que $f(x, y) = x^2 + y^2$ é contínua em todo ponto $(x_0, y_0) \in R^2$, pois, $\lim\limits_{(x,\,y)\to(x_0,\,y_0)} f(x, y) = x_0^2 + y_0^2 = f(x_0, y_0)$, qualquer que seja $(x_0, y_0) \in R^2$

76 MATEMÁTICA

2. A função f tal que $f(x, y) = e^{x^2+y}$ é contínua em todo ponto $(x_0, y_0) \in R^2$, pois, $\lim\limits_{(x,\,y)\,\to\,(x_0,\,y_0)} e^{x^2+y} = e^{x_0^2+y_0} = f(x_0, y_0)$, qualquer que seja $(x_0, y_0) \in R^2$.

3. A função f tal que $f(x, y) = \begin{cases} \dfrac{1}{x+y} & \text{se } (x, y) \neq (0, 0) \\ 0 & \text{se } (x, y) = (0, 0) \end{cases}$ não é contínua no ponto $(0, 0)$, pois, f não tem limite no ponto $(0, 0)$.

4. A função dada por $f(x, y) = \begin{cases} xy & se \ (x, y) \neq (0, 0) \\ 10 & se \ (x, y) = (0, 0) \end{cases}$ não é contínua, no ponto $(0, 0)$, pois, $\lim\limits_{(x,\,y)\,\to\,(0,\,0)} f(x, y) = 0 \neq f(0, 0)$, pois, $f(0, 0) = 10$.

5. A função $f(x, y) = 10x + 20y$ se $(x, y) \neq (0, 5)$ não é contínua no ponto $(0, 5)$, pois, não está definida neste ponto.

2.9.5 Continuidade da Soma, do Produto, do Quociente e de Algumas Funções Compostas

Teorema 3. Se f e g são funções contínuas num ponto $(x_0, y_0) \in R^2$, então, são contínuas no ponto (x_0, y_0) as seguintes funções:

a) $f(x, y) + g(x, y)$ (continuidade da soma)

b) $f(x, y)\, g(x, y)$ (continuidade do produto)

c) $\dfrac{f(x, y)}{g(x, y)}$ se $g(x_0, y_0) \neq 0$ (continuidade do quociente)

d) $e^{f(x,\,y)}$

e) $\ell n\big(f(x, y)\big)$ se $f(x_0, y_0) > 0$

f) $\sqrt{f(x, y)}$ se $f(x_0, y_0) \geq 0$

Para a demonstração deste Teorema, sugerimos consultar a referência bibliográfica [7].

EXERCÍCIOS PROPOSTOS

1. Usando os resultados obtidos no item 2.9 (Limite e continuidade) justificar as afirmações seguintes:

1.1 $\displaystyle\lim_{(x,\,y)\to(-1,\,1)} (x+y) = 0$

1.2 $\displaystyle\lim_{(x,\,y)\to(3,\,4)} (x\cdot y) = 12$

1.3 $\displaystyle\lim_{(x,\,y)\to(2,\,3)} (3x+4y) = 18$

1.4 $\displaystyle\lim_{(x,\,y)\to(1,\,1)} (x^2 + 3\,xy + y^2) = 5$

1.5 $\displaystyle\lim_{(x,\,y)\to(4,\,8)} \frac{x}{y} = \frac{1}{2}$

1.6 $\displaystyle\lim_{(x,\,y)\to(3,\,5)} \frac{x+y}{x^2+y^2} = \frac{4}{17}$

1.7 $\displaystyle\lim_{(x,\,y)\to(1,\,0)} \frac{3xy+4x+5}{x+xy^2+10} = \frac{9}{11}$

1.8 $\displaystyle\lim_{(x,\,y)\to(0,\,2)} \sqrt{x^2+y^2} = 2$

1.9 $\displaystyle\lim_{(x,\,y)\to(1,\,0)} \frac{1}{\sqrt{x}-y} = 1$

1.10 $\displaystyle\lim_{(x,\,y)\to(0,\,0)} e^{x+y^2} = 1$

1.11 $\displaystyle\lim_{(x,\,y)\to(1,\,1)} e^{x/y} = e$

1.12 $\displaystyle\lim_{(x,\,y)\to(2,\,0)} xy\,e^{xy} = 0$

1.13 $\displaystyle\lim_{(x,\,y)\to(0,\,1)} \ln(x^2+y^2) = 0$

1.14 $\displaystyle\lim_{(x,\,y)\to(0,\,1)} \ln(1+xy) = 0$

1.15 $\displaystyle\lim_{(x,\,y)\to(0,\,e)} \ln\left(\frac{x+y}{x^2+y^2}\right) = -1$

1.16 $\displaystyle\lim_{(x,\,y)\to(1,\,2)} x^2\,y\,\ln(x^2+y^2) = 2\,\ln 5$

78 MATEMÁTICA

2. Justificar as seguintes afirmações:

2.1 A função dada por $Z = \dfrac{1}{xy}$ não é contínua no ponto $(0, 0)$.

2.2 A função dada por $Z = \begin{cases} x + y \text{ se } (x, y) \neq (2, 2) \\ 5 \text{ se } (x, y) = (2, 2) \end{cases}$ tem limite no ponto $(2,2)$, mas, não é contínua neste ponto.

2.3 A função dada por $Z = \begin{cases} \dfrac{xy}{x^2 + y^2} \text{ se } (x, y) \neq (0, 0) \\ 0 \text{ se } (x, y) = (0, 0) \end{cases}$ não tem limite no ponto $(0, 0)$.

3. Usando o teorema 2 e os exercícios resolvidos 2, 3 e 4, justificar as seguintes afirmações:

3.1 A função dada por $Z = x^2 + y^2$ é contínua em todo ponto $(x_0, y_0) \in R^2$

3.2 A função dada por $Z = \dfrac{x + y}{x^2 + y^2}$ é contínua em todo ponto $(x, y) \in R^2$ com $(x, y) \neq (0, 0)$

3.3 A função dada por $Z = \dfrac{3xy}{4x + 6y}$ é contínua em todo ponto $(x, y) \in R^2$, com $(x, y) \neq \left(x, -\dfrac{2}{3} x \right)$

Observação: Tanto o conceito de limite quanto o de continuidade dados neste capítulo podem ser estendidos para funções de mais de duas variáveis. O leitor interessado poderá consultar a referência bibliográfica de número [7].

DERIVADAS PARCIAIS

3.1 CASO DE DUAS VARIÁVEIS

3.1.1 Definições

Seja f uma função de duas variáveis definida num subconjunto $D \subset R^2$ e seja (x_0, y_0) um ponto interior de D. Consideremos a reta de equação $y = y_0$ que contém o ponto (x_0, y_0) e é paralela ao eixo OX (Figura 3.1).

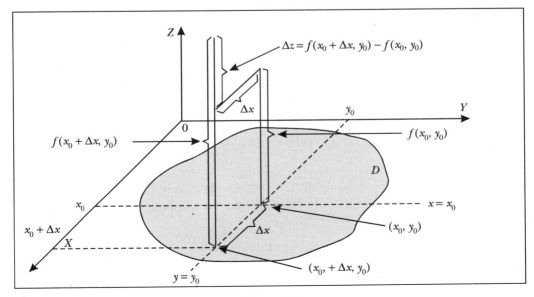

Figura 3.1

Seja $(x_0 + \Delta x, y_0)$ um ponto da reta $y = y_0$, localizado em D. Quando o par (x, y) passa da posição (x_0, y_0) para a posição $(x_0 + \Delta x, y_0)$ sobre a reta $y = y_0$, sofrendo, portanto, a variável x uma variação Δx, o valor de f passa de $f(x_0, y_0)$ para $f(x_0 + \Delta x, y_0)$ sofrendo, assim, uma variação

$$\Delta z = f(x_0 + \Delta x, y_0) - f(x_0, y_0) \text{ (Figura 3.1)}.$$

Podemos, então, considerar o quociente:

$$\boxed{\frac{\Delta z}{\Delta x} = \frac{f(x_0 + \Delta x, y_0) - f(x_0, y_0)}{\Delta x}}$$

que expressa a relação entre a variação sofrida pela função f e a variação sofrida pela variável x, quando (x, y) passa de (x_0, y_0) para $(x_0 + \Delta x, y_0)$.

O que pretendemos é descrever o comportamento dos valores de $\dfrac{\Delta z}{\Delta x}$ para pequenas variações Δx.

Definição 1. Caso exista e seja finito o limite,

$$\boxed{\lim_{\Delta x \to 0} \frac{\Delta z}{\Delta x}}$$

diremos que a função f é *derivável em relação a x no ponto* (x_0, y_0) e neste caso o referido limite recebe o nome de derivada parcial de f em relação a x, no ponto (x_0, y_0).

A derivada parcial de f relativamente a x, no ponto (x_0, y_0) será indicada, no que segue, por qualquer das notações seguintes:

$$\frac{\partial f}{\partial x}(x_0, y_0) \text{ ou } f_x(x_0, y_0) \text{ ou } \frac{\partial z}{\partial x}(x_0, y_0) \text{ ou ainda por } z_x(x_0, y_0)$$

De modo análogo podemos definir a derivada parcial de f relativamente a y, no ponto (x_0, y_0). Para isto consideramos a reta $x = x_0$ que contém o ponto (x_0, y_0) e é paralela ao eixo OY (Figura 3.2).

Quando (x, y) passa de (x_0, y_0) para um ponto $(x_0, y_0 + \Delta y)$ ao longo da reta $x = x_0$, o valor de f passa de $f(x_0, y_0)$ para $f(x_0, y_0 + \Delta y)$, de modo que o quociente

$$\frac{\Delta z}{\Delta y} = \frac{f(x_0, y_0 + \Delta y) - f(x_0, y_0)}{\Delta y}$$

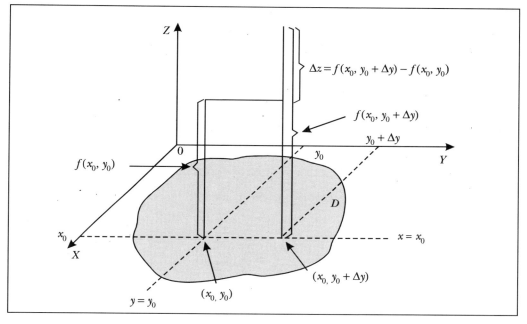

Figura 3.2

expressa a relação entre a variação Δz sofrida por f e a variação Δy sofrida por y ao passar (x, y) da posição (x_0, y_0) para a posição $(x_0, y_0 + \Delta y)$, ao longo da reta $x = x_0$.

Definição 2. Dizemos que f é derivável em relação a y no ponto (x_0, y_0) quando existe, e é finito, o limite

$$\boxed{\lim_{\Delta y \to 0} \frac{\Delta z}{\Delta y}}$$

que, então, recebe o nome de derivada da função f, em relação a y no ponto (x_0, y_0).

A derivada parcial de f, em relação a y, no ponto (x_0, y_0) será indicada com qualquer uma das notações seguintes:

$$\frac{\partial f}{\partial y}(x_0, y_0) \text{ ou } f_y(x_0, y_0) \text{ ou } \frac{\partial z}{\partial y}(x_0, y_0) \text{ ou ainda por } z_y(x_0, y_0)$$

82 MATEMÁTICA

3.1.2 Derivada Parcial e Taxa Média de Variação

Consideremos o intervalo de extremos (x_0, y_0) e $(x_0 + \Delta x, y_0)$ sobre a reta $y = y_0$. O quociente

$$\frac{\Delta z}{\Delta x} = \frac{f(x_0 + \Delta x, y_0) - f(x_0, y_0)}{\Delta x}$$

expressa o que denominamos de taxa média de variação da função f relativamente à variável x, no referido intervalo.

Quando f é derivável em relação a x, no ponto (x_0, y_0), o comportamento dos valores da taxa média $\frac{\Delta z}{\Delta x}$, para pequenos acréscimos Δx na variável x, pode ser descrito pela derivada parcial de f, em relação a x, no ponto (x_0, y_0), pois, neste caso

$$\lim_{\Delta x \to 0} \frac{\Delta z}{\Delta x} = \frac{\partial f}{\partial x}(x_0, y_0)$$

isto é, para pequenos acréscimos Δx, o valor da taxa média $\frac{\Delta z}{\Delta x}$ é aproximadamente $\frac{\partial f}{\partial x}(x_0, y_0)$, o que indicamos com a notação:

$$\boxed{\frac{\Delta z}{\Delta x} \cong \frac{\partial f}{\partial x}(x_0, y_0)}$$

De modo análogo, podemos considerar a taxa média de variação de f, relativamente a y, no intervalo de extremos (x_0, y_0) e $(x_0, y_0 + \Delta y)$, isto é:

$$\frac{\Delta z}{\Delta y} = \frac{f(x_0, y_0 + \Delta y) - f(x_0, y_0)}{\Delta y}$$

Quando f é derivável em relação a y no ponto (x_0, y_0), o comportamento dos valores da taxa média $\frac{\Delta z}{\Delta y}$, para pequenos acréscimos Δy, pode ser descrito pela derivada parcial de f, em relação a y, no ponto (x_0, y_0), pois

$$\lim_{\Delta y \to 0} \frac{\Delta z}{\Delta y} = \frac{\partial f}{\partial y}(x_0, y_0)$$

o que nos permite afirmar que para pequenos acréscimos Δy na variável y, $\dfrac{\Delta z}{\Delta y}$ é aproximadamente igual a $\dfrac{\partial f}{\partial y}(x_0, y_0)$, o que indicaremos com a notação:

$$\frac{\Delta z}{\Delta y} \cong \frac{\partial f}{\partial y}(x_0, y_0)$$

Exemplos:

1. Consideremos a função $f: R^2 \to R$ tal que

$$f(x, y) = x^2 + y^2$$

Seja (x_0, y_0) um ponto qualquer do plano. Temos, então:

(1) $\dfrac{\Delta z}{\Delta x} = \dfrac{f(x_0 + \Delta x, y_0) - f(x_0, y_0)}{\Delta x} =$

$= \dfrac{(x_0 + \Delta x)^2 + y_0^2 - x_0^2 - y_0^2}{\Delta x} =$

$= \dfrac{x_0^2 + 2x_0\Delta x + (\Delta x)^2 + y_0^2 - x_0^2 - y_0^2}{\Delta x} =$

$= \dfrac{2x_0\,\Delta x + (\Delta x)^2}{\Delta x} = 2x_0 + \Delta x$

(2) $\dfrac{\Delta z}{\Delta y} = \dfrac{f(x_0, y_0 + \Delta y) - f(x_0, y_0)}{\Delta y} =$

$= \dfrac{x_0^2 + (y_0 + \Delta y)^2 - x_0^2 - y_0^2}{\Delta y} =$

$= \dfrac{x_0^2 + y_0^2 + 2y_0\Delta y + (\Delta y)^2 - x_0^2 - y_0^2}{\Delta y} =$

$= \dfrac{2y_0\,\Delta y + (\Delta y)^2}{\Delta y} = 2y_0 + \Delta y$

De (1) vem:

$$\lim_{\Delta x \to 0} \frac{\Delta z}{\Delta x} = \lim_{\Delta x \to 0} (2x_0 + \Delta x) = 2x_0$$

isto é, f é derivável em relação a x no ponto (x_0, y_0) e a derivada parcial de f em relação a x, no ponto (x_0, y_0) é

$$\frac{\partial f}{\partial x}(x_0, y_0) = \lim_{\Delta x \to 0} \frac{\Delta z}{\Delta x} = 2x_0$$

De (2) vem, $\lim\limits_{\Delta y \to 0} \dfrac{\Delta z}{\Delta y} = 2y_0$, ou seja, f é derivável em relação a y, no ponto

(x_0, y_0) e a derivada parcial de f, em relação a y, no ponto (x_0, y_0) é o número

$$\frac{\partial f}{\partial y}(x_0, y_0) = \lim_{\Delta y \to 0} \frac{\Delta z}{\Delta y} = 2y_0$$

Se, por exemplo, $(x_0, y_0) = (4, 5)$ temos:

$$\frac{\partial f}{\partial x}(4, 5) = 2 \cdot 4 = 8 \quad \text{e} \quad \frac{\partial f}{\partial y}(4, 5) = 2 \cdot 5 = 10$$

2. Seja a função $f(x, y) = xy$ e seja (x_0, y_0) um ponto qualquer do R^2. Temos então:

$$\frac{\Delta z}{\Delta x} = \frac{f(x_0 + \Delta x, y_0) - f(x_0, y_0)}{\Delta x} = \frac{(x_0 + \Delta x)\, y_0 - x_0 y_0}{\Delta x} = y_0$$

$$\therefore \quad \lim_{\Delta x \to 0} \frac{\Delta z}{\Delta x} = y_0$$

Logo,

$$\frac{\partial f}{\partial x}(x_0, y_0) = y_0$$

De modo análogo, temos:

$$\frac{\Delta z}{\Delta y} = \frac{f(x_0, y_0 + \Delta y) - f(x_0, y_0)}{\Delta y} = \frac{x_0\,(y_0 + \Delta y) - x_0 y_0}{\Delta y} = x_0$$

Logo,

$$\lim_{\Delta y \to 0} \frac{\Delta z}{\Delta y} = x_0$$

e, portanto,

$$\boxed{\frac{\partial f}{\partial x}(x_0, y_0) = x_0}$$

Se, por exemplo, $(x_0, y_0) = (-2, 4)$, temos:

$$\frac{\partial f}{\partial x}(-2, 4) = 4 \quad \text{e} \quad \frac{\partial f}{\partial y}(-2, 4) = -2$$

3. Seja a função $f(x, y) = \dfrac{x}{y}$ com $(x,y) \in R^2, y \neq 0$

Se $(x_0, y_0) \in R^2$, com $y_0 \neq 0$, temos:

(1) $\dfrac{\Delta z}{\Delta x} = \dfrac{f(x_0 + \Delta x, y_0) - f(x_0, y_0)}{\Delta x} =$

$$= \frac{\dfrac{x_0 + \Delta x}{y_0} - \dfrac{x_0}{y_0}}{\Delta x} = \frac{\dfrac{x_0 + \Delta x - x_0}{y_0}}{\Delta x} = \frac{1}{y_0}$$

$$\therefore \quad \lim_{\Delta x \to 0} \frac{\Delta z}{\Delta x} = \lim_{\Delta x \to 0} \frac{1}{y_0} = \frac{1}{y_0}, \text{ isto é}$$

$$\frac{\partial f}{\partial x}(x_0, y_0) = \frac{1}{y_0}$$

86 MATEMÁTICA

(2) $\dfrac{\Delta z}{\Delta y} = \dfrac{f(x_0, y_0 + \Delta y) - f(x_0, y_0)}{\Delta y} =$

$$= \dfrac{\dfrac{x_0}{y_0 + \Delta y} - \dfrac{x_0}{y_0}}{\Delta y} = \dfrac{\dfrac{x_0 y_0 - x_0\,(y_0 + \Delta y)}{(y_0 + \Delta y)\, y_0}}{\Delta y} =$$

$$= \dfrac{-x_0 \Delta y}{(y_0 + \Delta y)\, y_0 \Delta y} = \dfrac{-x_0}{(y_0 + \Delta y)\, y_0}$$

$$\therefore \quad \lim_{\Delta y \to 0} \dfrac{\Delta z}{\Delta y} = \lim_{\Delta y \to 0} \dfrac{-x_0}{(y_0 + \Delta y)\, y_0} = \dfrac{-x_0}{(y_0)^2}$$

isto é,

$$\dfrac{\partial f}{\partial x}(x_0, y_0) = \dfrac{-x_0}{(y_0)^2}$$

Se, por exemplo, $(x_0, y_0) = (3, 5)$ então:

$$\dfrac{\partial f}{\partial x}(3, 5) = \dfrac{1}{5} \quad \text{e} \quad \dfrac{\partial f}{\partial y}(3, 5) = \dfrac{-3}{25}$$

EXERCÍCIOS PROPOSTOS ───────────

Calcular, usando a definição, $\dfrac{\partial f}{\partial x}(x_0, y_0)$ e $\dfrac{\partial f}{\partial y}(x_0, y_0)$ para as seguintes funções:

1. $f(x, y) = k$, (constante)

2. $f(x, y) = x$

3. $f(x, y) = -y$

4. $f(x, y) = x + y$

5. $f(x, y) = 3x - 2y + 5$

6. $f(x, y) = 3x - 5y$

7. $f(x, y) = 4x^2 y$

8. $f(x, y) = 3y^2 + 1$

9. $f(x, y) = 3x^2 + 4y^2 - 5$

10. $f(x, y) = \dfrac{3x^2}{y}$

DERIVADAS PARCIAIS   **87**

RESPOSTAS ────────────────────────────────────

1. $\dfrac{\partial f}{\partial x}(x_0, y_0) = 0$ e $\dfrac{\partial f}{\partial y}(x_0, y_0) = 0$

2. $\dfrac{\partial f}{\partial x}(x_0, y_0) = 1$ e $\dfrac{\partial f}{\partial y}(x_0, y_0) = 0$

3. $\dfrac{\partial f}{\partial x}(x_0, y_0) = 0$ e $\dfrac{\partial f}{\partial y}(x_0, y_0) = -1$

4. $\dfrac{\partial f}{\partial x}(x_0, y_0) = 1$ e $\dfrac{\partial f}{\partial y}(x_0, y_0) = 1$

5. $\dfrac{\partial f}{\partial x}(x_0, y_0) = 3$ e $\dfrac{\partial f}{\partial y}(x_0, y_0) = -2$

6. $\dfrac{\partial f}{\partial x}(x_0, y_0) = 3$ e $\dfrac{\partial f}{\partial y}(x_0, y_0) = -5$

7. $\dfrac{\partial f}{\partial x}(x_0, y_0) = 8x_0 y_0$ e $\dfrac{\partial f}{\partial y}(x_0, y_0) = 4x_0^2$

8. $\dfrac{\partial f}{\partial x}(x_0, y_0) = 0$ e $\dfrac{\partial f}{\partial y}(x_0, y_0) = 6y_0$

9. $\dfrac{\partial f}{\partial x}(x_0, y_0) = 6x_0$ e $\dfrac{\partial f}{\partial y}(x_0, y_0) = 8y_0$

10. $\dfrac{\partial f}{\partial x}(x_0, y_0) = \dfrac{6x_0}{y_0}$ e $\dfrac{\partial f}{\partial y}(x_0, y_0) = \dfrac{-3x_0^2}{(y_0)^2}$

3.1.3 Cálculo das Derivadas Parciais

Em vista da definição de derivada parcial, decorre que:

a. Para se obter a derivada parcial de f em relação a x, no ponto (x_0, y_0), basta considerar f como função somente da variável x, calcular a derivada de f usando exatamente as mesmas regras de derivação para funções de uma variável e, então, fazer $x = x_0$ e $y = y_0$.

b. Para se obter a derivada parcial de f em relação a variável y no ponto (x_0, y_0), basta considerar f como função somente da variável y e proceder como no caso anterior.

c. Vale, portanto, a mesma tabela de derivadas usada para funções de uma variável.

MATEMÁTICA

Recapitulando, se $u = u(x)$, $v = v(x)$ e $k =$ constante, temos:

1. $(x^{\alpha})' = \alpha \cdot x^{\alpha-1}$ $\qquad\qquad$ $(u^{\alpha})' = \alpha \cdot \mu^{\alpha-1} \cdot u'$

2. $(e^x)' = e^x$ $\qquad\qquad$ $(e^u)' = e^u \cdot u'$

3. $(\alpha^x)' = a^x \cdot \ell n\, a$ $\qquad\qquad$ $(\alpha^u)' = a^u \cdot u' \cdot \ell n\, a$

4. $(\ell n\, x)' = \dfrac{1}{x}$ $\qquad\qquad$ $(\ell n\, u)' = \dfrac{u'}{u}$

e ainda,

1. $(u \pm v)' = u' \pm v'$ $\qquad\qquad$ 3. $(u \cdot v)' = u' \cdot v + u \cdot v'$

2. $(k \cdot u)' = k \cdot u'$ $\qquad\qquad$ 4. $\left(\dfrac{u}{v}\right)' = \dfrac{u'v - uv'}{v^2}$

Exemplos:

Nos exemplos a seguir, calcularemos as derivadas parciais de funções dadas por $z = f(x, y)$ num ponto (x, y), usando a técnica descrita no item anterior.

As derivadas parciais de $z = f(x, y)$, num ponto genérico (x, y), serão indicadas simplesmente por:

$$\frac{\partial z}{\partial x} \text{ e } \frac{\partial z}{\partial y}, \text{ ou ainda por: } z_x \text{ e } z_y$$

1. $z = x^2 + y^2$

$$\frac{\partial z}{\partial x} = 2x ; \quad \frac{\partial z}{\partial y} = 2y$$

No ponto $(2, 5)$, temos:

$$\frac{\partial z}{\partial x}(2, 5) = 4 ; \quad \frac{\partial z}{\partial y}(2, 5) = 10$$

2. $z = x^3 y^2 + 3xy + 4$

$$\frac{\partial z}{\partial x} = 3x^2 y^2 + 3y ; \quad \frac{\partial z}{\partial y} = 2x^3 y + 3x$$

No ponto $(1, -1)$ temos:

$$\frac{\partial z}{\partial x}(1,-1)=0; \quad \frac{\partial z}{\partial y}(1,-1)=1$$

3. $z = \frac{4}{3}x^3y^4 + \frac{2}{5}xy^2 + 3x - 4y + 5$

$$\frac{\partial z}{\partial x} = 4x^2y^4 + \frac{2}{5}y^2 + 3 \; ; \quad \frac{\partial z}{\partial y} = \frac{16}{3}x^3y^3 + \frac{4}{5}xy - 4$$

No ponto $(0, 1)$, temos:

$$\frac{\partial z}{\partial x}(0,1)=\frac{17}{5}\;;\quad \frac{\partial z}{\partial y}(0,1)=-4$$

4. $z = \sqrt{3x^2 - xy}$

$$\frac{\partial z}{\partial x} = \frac{6x-y}{2\sqrt{3x^2-xy}}\;;\quad \frac{\partial z}{\partial y} = \frac{-x}{2\sqrt{3x^2-xy}}$$

No ponto $(3, 1)$, temos:

$$\frac{\partial z}{\partial x}(3,1)=\frac{17}{2\sqrt{24}}=\frac{17\sqrt{6}}{24}\;;\quad \frac{\partial z}{\partial y}=\frac{-3}{2\sqrt{24}}=\frac{-\sqrt{6}}{8}$$

5. $z = x \cdot e^{2x+y}$

$$\frac{\partial z}{\partial x} = 1 \cdot e^{2x+y} + x \cdot 2 \cdot e^{2x+y} = e^{2x+y}(1+2x)$$

$$\frac{\partial z}{\partial y} = x \cdot e^{2x+y}$$

No ponto $(1, -2)$, temos:

$$\frac{\partial z}{\partial x}(1,-2)=3; \quad \frac{\partial z}{\partial y}(1,-2)=1$$

90 MATEMÁTICA

6. $z = \dfrac{xy}{x - 2y}$

$$\frac{\partial z}{\partial x} = \frac{y(x - 2y) - xy(1)}{(x - 2y)^2} = \frac{-2y^2}{(x - 2y)^2}$$

$$\frac{\partial z}{\partial y} = \frac{x(x - 2y) - xy(-2)}{(x - 2y)^2} = \frac{x^2}{(x - 2y)^2}$$

No ponto $(1, 1)$, temos:

$$\frac{\partial z}{\partial x}(1, 1) = -2 \; ; \; \frac{\partial z}{\partial y}(1, 1) = 1$$

7. $z = \dfrac{1}{2} x^{0,2} \cdot y^{0,8}$

$$\frac{\partial z}{\partial x} = \frac{1}{2} \cdot 0,2 x^{-0,8} y^{0,8} = \frac{1}{10} x^{-0,8} y^{0,8}$$

$$\frac{\partial z}{\partial y} = \frac{1}{2} \cdot 0,8 x^{0,2} y^{-0,2} = \frac{2}{5} x^{0,2} y^{-0,2}$$

No ponto $(5, 5)$, temos:

$$\frac{\partial z}{\partial x}(5, 5) = \frac{1}{10} \; ; \; \frac{\partial z}{\partial y} = \frac{2}{5}$$

8. $z = 2^{x^2 - 2xy} = e^{(x^2 - 2xy)\,\ell n\, 2}$

$$\frac{\partial z}{\partial x} = (2x - 2y) \cdot \ell n\, 2 \cdot 2^{x^2 - 2xy} = 2\,\ell n\, 2 \cdot (x - y) \cdot 2^{x^2 - 2xy}$$

$$\frac{\partial z}{\partial y} = -2x \cdot \ell n\, 2 \cdot 2^{x^2 - 2xy} = -2\,\ell n\, 2 \cdot x \cdot 2^{x^2 - 2xy}$$

No ponto $(2, 1)$, temos:

$$\frac{\partial z}{\partial x}(2, 1) = 2\,\ell n\, 2 \; ; \; \frac{\partial z}{\partial y} = -4\,\ell n\, 2$$

DERIVADAS PARCIAIS 91

9. $z = \ln(x^2 - 3y^2)$

$$\frac{\partial z}{\partial x} = \frac{2x}{x^2 - 3y^2} \; ; \quad \frac{\partial z}{\partial y} = \frac{-6y}{x^2 - 3y^2}$$

No ponto $(2, 4)$, temos:

$$\frac{\partial z}{\partial x}(2, 4) = -\frac{1}{11} \; ; \quad \frac{\partial z}{\partial y}(2, 4) = \frac{6}{11}$$

10. $z = \log(2x - 3y + xy) = \dfrac{\ln(2x - 3y + xy)}{\ln 10}$

$$\frac{\partial z}{\partial x} = \frac{2 + y}{(2x - 3y + xy) \cdot \ln 10}$$

$$\frac{\partial z}{\partial x} = \frac{-3 + x}{(2x - 3y + xy) \cdot \ln 10}$$

No ponto $(2, 0)$, temos:

$$\frac{\partial z}{\partial x}(2, 0) = \frac{1}{2 \ln 10} \; ; \quad \frac{\partial z}{\partial y}(2, 0) = -\frac{1}{4 \ln 10}$$

EXERCÍCIOS PROPOSTOS

Determinar as derivadas parciais das funções dadas por $z = f(x, y)$, num ponto (x, y).

1. $z = k \, (k = \text{constante})$

2. $z = x$

3. $z = y$

4. $z = 5x + 2y$

5. $z = x^2 + y^2$

6. $z = 3x^2 - 6y^2$

7. $z = x^2 + 2xy + y^2$

8. $z = \dfrac{1}{4} x^4 - \dfrac{2}{5} y + \dfrac{1}{3} x^3$

9. $z = \dfrac{2}{5} x^3 - \dfrac{2}{7} x^3 y^4 + \dfrac{5}{4} x^4 y^3$

10. $z = xy$

92 MATEMÁTICA

11. $z = kxy$ (k = constante)

12. $z = x^{0,5}y^{-0,2}$

13. $z = \dfrac{1}{2}\, x^{0,5}y^{-0,5}$

14. $z = \dfrac{1}{4}\, x^{-0,4}y^{0,6}$

15. $z = 0,2x^{0,6} \cdot y^{0,4}$

16. $z = 5x^2y^2$

17. $z = \dfrac{x}{2y}$

18. $z = \dfrac{y}{x}$

19. $z = \dfrac{1}{xy}$

20. $z = \dfrac{1}{x^2y^2}$

21. $z = \dfrac{x^2}{y}$

22. $z = \dfrac{y^2}{x}$

23. $z = 4 - \dfrac{1}{x} - \dfrac{1}{y}$

24. $z = 4\,(4xy - x^2 - 3y^2)$

25. $z = 4x^{1/2}y^{1/2}$

26. $z = 2x^{3/4}y^{3/4}$

27. $z = \dfrac{x+1}{y+1}$

28. $z = \dfrac{x+y}{x-y}$

29. $z = \dfrac{x^2 + 2y}{x^2 + y^2}$

30. $z = \dfrac{2xy - 1}{3 - 4xy}$

31. $z = \dfrac{3xy - 2x}{4y - 2xy^2}$

32. $z = 4x^2y - 3x^3y^2 + 2y$

33. $z = -5x^3y^2 + 4xy^3 - 2$

34. $z = x^3y^3 - 2xy^3 + 4xy$

35. $z = -x^3 - y^3$

36. $z = 4xy^4 - 2xy^2 + 2xy + 1$

37. $z = \dfrac{x+y}{2xy}$

38. $z = \dfrac{x+y-1}{x-y+1}$

39. $z = \sqrt{x+y}$

40. $z = \sqrt{x^2 + y^2}$

41. $z = \sqrt{xy}$

42. $z = 4\sqrt{x^3 + y^3}$

DERIVADAS PARCIAIS 93

43. $z = \dfrac{1}{x+y}$

44. $z = \dfrac{1}{\sqrt{x+y}}$

45. $z = (x^3 + 4xy)^{3/2}$

46. $z = (2xy - yx^2 + 1)^{1/4}$

47. $z = -\dfrac{x+y^2}{\sqrt{x+y}}$

48. $z = e^{x+y}$

49. $z = e^{x^2 - y^2}$

50. $z = e^{-xy}$

51. $z = e^{-3xy}$

52. $z = e^{kxy}$ $(k = \text{constante})$

53. $z = 2xe^y$

54. $z = 2ye^x$

55. $z = -2ye^{-x}$

56. $z = x^2 y e^{-x}$

57. $z = y^2 e^{x^2}$

58. $z = -x^2 e^{-y^2}$

59. $z = \ln(x+y)$

60. $z = \ln(x^2 + y^2)$

61. $z = \ln(2xy + xy^2 + 1)$

62. $z = \ln\left(\dfrac{1}{x+y}\right)$

63. $z = \log(2x + 3y)$

64. $z = \log(3x - 2y)$

65. $z = \log(-2xy + 4xy^2 + 1)$

66. $z = x^2 \ln y$

67. $z = y^2 \ln x$

68. $z = xy \ln(xy)$

69. $z = \ln(1 + x^2 + y^2)$

70. $z = e^x + e^y$

71. $z = e^{-x} - e^{-xy}$

72. $z = 2xe^{-xy}$

73. $z = xye^{-x+y}$

74. $z = xe^y + ye^x$

75. $z = -ye^{-x} + xe^{-y}$

94 MATEMÁTICA

76. $z = 16 - x^2 - 2y^2 - \lambda(x + y + 2)$ ⠀⠀⠀⠀⠀(λ = constante)

77. $z = 9x - 2y - \lambda\left(x + \dfrac{1}{y} - 1\right)$ ⠀⠀⠀⠀⠀(λ = constante)

78. $z = -2 - \lambda\left(\dfrac{2}{xy}\right)$ ⠀⠀⠀⠀⠀(λ = constante)

79. $z = 4x - 3y + 1 - \lambda(2xy - 4)$ ⠀⠀⠀⠀⠀(λ = constante)

80. $z = 3xy^2 - 2xy + \lambda(x^2 + 2xy + 1)$ ⠀⠀⠀⠀⠀(λ = constante)

81. $z = x + y + 1 - 2\lambda(-x + y + 4)$ ⠀⠀⠀⠀⠀(λ = constante)

82. $z = x^{0,4}y^{-0,6} + \lambda(x - y)$ ⠀⠀⠀⠀⠀(λ = constante)

83. $z = 2xy - \lambda\left(\dfrac{1}{x} + 1\right)$ ⠀⠀⠀⠀⠀(λ = constante)

84. ⠀$z = \dfrac{1}{x + y} - a(x^2 + 2xy)$ ⠀⠀⠀⠀⠀(a = constante)

85. $z = \dfrac{b}{x - y}$ ⠀⠀⠀⠀⠀(b = constante)

86. $z = \dfrac{mn}{x + y}$ ⠀⠀⠀⠀⠀($m,\ n$ = constantes)

87. $z = kxy - by^2 - cx^2$ ⠀⠀⠀⠀⠀($k,\ b,\ c$ = constantes)

88. $z = -3axy + 4by^2 - 3abxy^2$ ⠀⠀⠀⠀⠀($a,\ b$ = constantes)

89. $z = -5axy + 4bcx - 3c^2yx$ ⠀⠀⠀⠀⠀($a,\ b,\ c$ = constantes)

90. $z = ke^{xy} - mxe^{-x}$ ⠀⠀⠀⠀⠀($k,\ m$ = constantes)

91. $z = \dfrac{x}{k} - \dfrac{2xy}{m} + 1$ ⠀⠀⠀⠀⠀($k,\ m$ = constantes)

92. $z = 2k\dfrac{x}{y} - \dfrac{3y}{k + 1}$ ⠀⠀⠀⠀⠀(k = constante)

93. $z = \sqrt{2kxy}$ ⠀⠀⠀⠀⠀(k = constante)

94. $z = (k + 1)x^{0,2}y^{-0,8}$ ⠀⠀⠀⠀⠀(k = constante)

95. $z = kxy^3 - 2k^2xy - 1$ ⠀⠀⠀⠀⠀(k = constante)

96. $z = (a + b)x - (b - 2c)y$ ⠀⠀⠀⠀⠀($a,\ b,\ c$ = constantes)

97. $z = \dfrac{a + b}{x} - \dfrac{c - d}{y}$ ⠀⠀⠀⠀⠀($a,\ b,\ c,\ d$ = constantes)

98. $z = \dfrac{a}{x} - \dfrac{2b}{y}$ ⠀⠀⠀⠀⠀($a,\ b$ = constantes)

99. $z = \dfrac{a}{x^2} - \dfrac{b}{y^2}$ ⠀⠀⠀⠀⠀(a, b = constantes)

100. $z = \dfrac{1}{\sqrt{x}} + \dfrac{1}{\sqrt{y}}$

DERIVADAS PARCIAIS **95**

RESPOSTAS

	$\dfrac{\partial z}{\partial x}$	$\dfrac{\partial z}{\partial y}$
1.	0	0
2.	1	0
3.	0	1
4.	5	2
5.	$2x$	$2y$
6.	$6x$	$-12y$
7.	$2x + 2y$	$2x + 2y$
8.	$x^3 + x^2$	$-\dfrac{2}{5}$
9.	$\dfrac{6}{5} x^2 - \dfrac{6}{7} x^2 y^4 + 5x^3 y^3$	$-\dfrac{8}{7} x^3 y^3 + \dfrac{15}{4} x^4 y^2$
10.	y	x
11.	ky	kx
12.	$0{,}5x^{-0{,}5} y^{-0{,}2}$	$-0{,}2x^{0{,}5} y^{-1{,}2}$
13.	$0{,}25x^{-0{,}5} y^{-0{,}5}$	$-0{,}25x^{0{,}5} y^{-1{,}5}$
14.	$-0{,}1x^{-1{,}4} y^{0{,}6}$	$0{,}15x^{-0{,}4} y^{-0{,}4}$
15.	$0{,}12x^{-0{,}4} y^{0{,}4}$	$0{,}08x^{0{,}6} y^{-0{,}6}$
16.	$10xy^2$	$10x^2 y$
17.	$\dfrac{1}{2y}$	$-\dfrac{x}{2y^2}$
18.	$-\dfrac{y}{x^2}$	$\dfrac{1}{x}$
19.	$-\dfrac{1}{x^2 y}$	$-\dfrac{1}{xy^2}$
20.	$-\dfrac{2}{x^3 y^2}$	$-\dfrac{2}{x^2 y^3}$
21.	$\dfrac{2x}{y}$	$-\dfrac{x^2}{y^2}$
22.	$-\dfrac{y^2}{x^2}$	$\dfrac{2y}{x}$

$\dfrac{\partial z}{\partial x}$	$\dfrac{\partial z}{\partial y}$
23. $\dfrac{1}{x}^{2}$	$\dfrac{1}{y}^{2}$
24. $16y - 8x$	$16x - 24y$
25. $2x^{-1/2}y^{1/2}$	$2x^{1/2}y^{-1/2}$
26. $\dfrac{3}{2}x^{-1/4}y^{3/4}$	$\dfrac{3}{2}x^{3/4}y^{-1/4}$
27. $\dfrac{1}{y+1}$	$-\dfrac{x+1}{(y+1)^{2}}$
28. $-\dfrac{2y}{(x-y)^{2}}$	$\dfrac{2x}{(x-y)^{2}}$
29. $\dfrac{2xy^{2}-4xy}{(x^{2}+y^{2})^{2}}$	$\dfrac{2x^{2}-2x^{2}y-2y^{2}}{(x^{2}+y^{2})^{2}}$
30. $\dfrac{2y}{(3-4xy)^{2}}$	$\dfrac{2x}{(3-4xy)^{2}}$
31. $\dfrac{12y^{2}-8y}{(4y-2xy^{2})^{2}}$	$\dfrac{6x^{2}y^{2}+8x-8x^{2}y}{(4y-2xy^{2})^{2}}$
32. $8xy - 9x^{2}y^{2}$	$4x^{2}-6x^{3}y+2$
33. $-15x^{2}y^{2}+4y^{3}$	$-10x^{3}y+12xy^{2}$
34. $3x^{2}y^{3}-2y^{3}+4y$	$3x^{3}y^{2}-6xy^{2}+4x$
35. $-3x^{2}$	$-3y^{2}$
36. $4y^{4}-2y^{2}+2y$	$16xy^{3}-4xy+2x$
37. $-\dfrac{1}{2x^{2}}$	$-\dfrac{1}{2y^{2}}$
38. $\dfrac{2(1-y)}{(x-y+1)^{2}}$	$\dfrac{2x}{(x-y+1)^{2}}$
39. $\dfrac{1}{2\sqrt{x+y}}$	$\dfrac{1}{2\sqrt{x+y}}$
40. $\dfrac{x}{\sqrt{x^{2}+y^{2}}}$	$\dfrac{y}{\sqrt{x^{2}+y^{2}}}$
41. $\dfrac{y}{2\sqrt{xy}}$	$\dfrac{x}{2\sqrt{xy}}$

DERIVADAS PARCIAIS 97

	$\dfrac{\partial z}{\partial x}$	$\dfrac{\partial z}{\partial y}$
42.	$\dfrac{6x^2}{\sqrt{x^3+y^3}}$	$\dfrac{6y^2}{\sqrt{x^3+y^3}}$
43.	$-\dfrac{1}{(x+y)^2}$	$-\dfrac{1}{(x+y)^2}$
44.	$-\dfrac{1}{2\,(\sqrt{x+y})^3}$	$-\dfrac{1}{2\,(\sqrt{x+y})^3}$
45.	$\dfrac{3}{2}\,(x^3+4xy)^{1/2}\,(3x^2+4y)$	$6x\,(x^3+4xy)^{1/2}$
46.	$\dfrac{1}{2}\,(2xy-yx^2+1)^{-3/4}\,(y-xy)$	$\dfrac{(2x-x^2)}{4}\cdot(2xy-yx^2+1)^{-3/4}$
47.	$-\dfrac{x+2y-y^2}{2\,(\sqrt{x+y})^3}$	$-\dfrac{4xy+3y^2-x}{2\,(\sqrt{x+y})^3}$
48.	e^{x+y}	e^{x+y}
49.	$2xe^{x^2-y^2}$	$-2ye^{x^2-y^2}$
50.	$-ye^{-xy}$	$-xe^{-xy}$
51.	$-3ye^{-3xy}$	$-3xe^{-3xy}$
52.	kye^{kxy}	kxe^{kxy}
53.	$2e^y$	$2xe^y$
54.	$2ye^x$	$2e^x$
55.	$2ye^{-x}$	$-2e^{-x}$
56.	$e^{-x}\,(2xy-x^2y)$	x^2e^{-x}
57.	$2xy^2e^{x^2}$	$2ye^{x^2}$
58.	$-2xe^{-y^2}$	$2x^2ye^{-y^2}$
59.	$\dfrac{1}{x+y}$	$\dfrac{1}{x+y}$
60.	$\dfrac{2x}{x^2+y^2}$	$\dfrac{2y}{x^2+y^2}$
61.	$\dfrac{2y+2y^2}{2xy+xy^2+1}$	$\dfrac{2x+2xy}{2xy+xy^2+1}$

98 MATEMÁTICA

	$\dfrac{\partial z}{\partial x}$	$\dfrac{\partial z}{\partial y}$
62.	$\dfrac{-1}{x+y}$	$\dfrac{-1}{x+y}$
63.	$\dfrac{2}{(2x+3y)\,\ln 10}$	$\dfrac{3}{(2x+3y)\,\ln 10}$
64.	$\dfrac{3}{(3x-2y)\,\ln 10}$	$\dfrac{-2}{(3x-2y)\,\ln 10}$
65.	$\dfrac{-2y+4y^2}{(-2xy+4xy^2+1)\,\ln 10}$	$\dfrac{-2x+8xy}{(-2xy+4xy^2+1)\,\ln 10}$
66.	$2x\,\ln y$	$\dfrac{x^2}{y}$
67.	$\dfrac{y^2}{x}$	$2y\,\ln x$
68.	$y\,[1+\ln(xy)]$	$x\,[1+\ln(xy)]$
69.	$\dfrac{2x}{1+x^2+y^2}$	$\dfrac{2y}{1+x^2+y^2}$
70.	e^x	e^y
71.	$-e^{-x}+ye^{-xy}$	xe^{-xy}
72.	$e^{-xy}(2-2xy)$	$-2x^2e^{-xy}$
73.	$e^{-x+y}(y-xy)$	$e^{-x+y}(y+xy)$
74.	e^y+ye^x	xe^y+e^x
75.	$ye^{-x}+e^{-y}$	$-e^{-x}-xe^{-y}$
76.	$-2x-\lambda$	$-4y-\lambda$
77.	$9-\lambda$	$\dfrac{\lambda}{y^2}-2$
78.	$\dfrac{2\lambda}{x^2y}$	$\dfrac{2\lambda}{xy^2}$
79.	$4-2\lambda y$	$-3-2\lambda x$
80.	$3y^2-2y+2\lambda x+2\lambda y$	$6xy-2x+2\lambda x$
81.	$1+2\lambda$	$1-2\lambda$
82.	$0{,}4x^{-0,6}y^{-0,6}+\lambda$	$-0{,}6x^{0,4}y^{-1,6}-\lambda$

	$\dfrac{\partial z}{\partial x}$	$\dfrac{\partial z}{\partial y}$
83.	$2y + \dfrac{\lambda}{x^2}$	$2x$
84.	$-\dfrac{1}{(x+y)^2} - a\,(2x+2y)$	$-\dfrac{1}{(x+y)^2} - 2ax$
85.	$-\dfrac{b}{(x-y)^2}$	$\dfrac{b}{(x-y)^2}$
86.	$-\dfrac{mn}{(x+y)^2}$	$-\dfrac{m\,n}{(x+y)^2}$
87.	$ky - 2cx$	$kx - 2by$
88.	$-3ay - 3aby^2$	$-3ax + 8by - 6abxy$
89.	$-5ay + 4bc - 3c^2y$	$-5ax - 3c^2x$
90.	$kye^{xy} - me^{-x}(1-x)$	kxe^{xy}
91.	$\dfrac{1}{k} - \dfrac{2y}{m}$	$-\dfrac{2x}{m}$
92.	$\dfrac{2k}{y}$	$-\dfrac{2kx}{y^2} - \dfrac{3}{k+1}$
93.	$\dfrac{ky}{\sqrt{2kxy}}$	$\dfrac{kx}{\sqrt{2kxy}}$
94.	$0{,}2\,(k+1)\,x^{-0{,}8}y^{-0{,}8}$	$-0{,}8\,(k+1)\,x^{0{,}2}y^{-1{,}8}$
95.	$ky^3 - 2k^2y$	$3kxy^2 - 2k^2x$
96.	$a + b$	$2c - b$
97.	$-\dfrac{a+b}{x^2}$	$\dfrac{c-d}{y^2}$
98.	$-\dfrac{a}{x^2}$	$\dfrac{2b}{y^2}$
99.	$-\dfrac{2a}{x^2}$	$\dfrac{2b}{y^2}$
100.	$-\dfrac{1}{2\,(\sqrt{x})^3}$	$-\dfrac{1}{2\,(\sqrt{y})^3}$

3.1.4 Função Derivada Parcial

Seja $z = f(x, y)$ onde f é uma função de duas variáveis definida num subconjunto D. Seja A o subconjunto dos pontos $(x, y) \in D$ nos quais está definida a derivada parcial de f, em relação a x, $\dfrac{\partial f}{\partial x}(x, y)$.

A função definida em A e tal que a todo ponto (x, y) de A faz corresponder o número $\dfrac{\partial f}{\partial x}(x, y)$, recebe o nome de função derivada parcial de f em relação a x, ou simplesmente derivada parcial de f em relação a x.

Esta função será indicada ainda por qualquer uma das notações:

$$\frac{\partial f}{\partial x}, \quad f_x, \quad \frac{\partial z}{\partial x} \quad \text{ou} \quad z_x$$

De modo análogo podemos definir a função derivada parcial de f em relação a y, que será indicada também por qualquer uma das notações:

$$\frac{\partial f}{\partial y}, \quad f_y, \quad \frac{\partial z}{\partial y} \quad \text{ou} \quad z_y$$

Exemplos:

1. A função dada por $z = x^3 y^4 - 3xy + 1$ está definida e é derivável em relação a x e a y em todo ponto $(x, y) \in R^2$. As funções definidas no R^2 e dadas por

$$\frac{\partial z}{\partial x} = 3x^2 y^4 - 3y$$

e

$$\frac{\partial z}{\partial y} = 4x^3 y^3 - 3x$$

são as funções derivadas parciais em relação a x e a y, respectivamente, ou simplesmente as derivadas parciais, em relação a x e a y da função dada.

DERIVADAS PARCIAIS **101**

2. Seja a função f dada por:

$$z = \frac{1}{4}\,x^3 y^4 - \frac{2}{5}\,x^5 y^2 + 4xy + 3x - 4y$$

As funções dadas por:

$$\frac{\partial z}{\partial x} = \frac{3}{4}\,x^2 y^4 - 2x^4 y^2 + 4y + 3$$

e

$$\frac{\partial z}{\partial y} = x^3 y^3 - \frac{4}{5}\,x^5 y + 4x - 4$$

são as derivadas parciais de f em relação a x e a y, respectivamente.

3. Se f é a função dada por $z = \dfrac{x}{y}$, as derivadas parciais de f em relação a x e a y são as funções dadas, respectivamente, por:

$$\frac{\partial z}{\partial x} = \frac{1}{y} \quad \text{e} \quad \frac{\partial z}{\partial y} = -\frac{x}{y^2}$$

4. Se f é a função dada por $z = \sqrt{x^3 + y^2}$, as derivadas parciais de f, em relação a x e a y, são as funções dadas, respectivamente, por:

$$\frac{\partial z}{\partial x} = \frac{3x^2}{2\sqrt{x^3 + y^2}}, \quad \frac{\partial z}{\partial y} = \frac{y}{\sqrt{x^3 + y^2}}$$

5. Analogamente, se $z = e^{x^2 - y^2}$ temos:

$$\frac{\partial z}{\partial x} = 2xe^{x^2 - y^2} \quad \text{e} \quad \frac{\partial z}{\partial y} = -2ye^{x^2 - y^2}$$

6. Se $z = \ell n\,(x^2 + y^2 + 10)$ temos:

$$\frac{\partial z}{\partial x} = \frac{2x}{x^2 + y^2 + 10}\,; \quad \frac{\partial z}{\partial y} = \frac{2y}{x^2 + y^2 + 10}$$

102 MATEMÁTICA

7. Se $z = \dfrac{1}{4} x^{0,2} y^{0,6}$, temos:

$$\frac{\partial z}{\partial x} = 0,05 x^{-0,8} y^{0,6} \; ; \qquad \frac{\partial z}{\partial y} = 0,15 x^{0,2} y^{-0,4}$$

EXERCÍCIOS PROPOSTOS

1. Determinar as funções derivadas parciais das funções dadas por:

1.1 $\quad z = \dfrac{4}{5} x^5 - 2xy^2 + 4x - 5y + 10$ $\qquad$ 1.6 $\quad z = \dfrac{1}{5} x^{0,3} y^{0,7}$

1.2 $\quad z = xy^2 - 3x^3 y - 5x + 4y - 1$ $\qquad$ 1.7 $\quad z = e^{x^2 - 2y^2}$

1.3 $\quad z = \dfrac{x}{x + y}$ $\qquad$ 1.8 $\quad z = e^{\frac{1}{4} xy}$

1.4 $\quad z = \dfrac{1}{xy}$ $\qquad$ 1.9 $\quad z = xy e^{-xy}$

1.5 $\quad z = \sqrt{x^3 - y^4}$ $\qquad$ 1.10 $\quad z = \ln(x^2 + y^2)$

2. Em cada um dos casos seguintes, resolver o sistema $\begin{cases} \dfrac{\partial z}{\partial x} = 0 \\ \dfrac{\partial z}{\partial y} = 0 \end{cases}$

sendo:

2.1 $\quad z = xy$ $\qquad$ 2.6 $\quad z = \sqrt{x^2 + y^2}$

2.2 $\quad z = x^2 - xy + 4x$ $\qquad$ 2.7 $\quad z = y^2 + 4xy^2 - 16x - 4y + 10$

2.3 $\quad z = x^2 + y^2 - 4xy + 4x - 4y$ $\qquad$ 2.8 $\quad z = xy^2 - 16x - 12y + 5$

2.4 $\quad z = \ln(x^2 + y^2 - 2x - 4y + 10)$ $\qquad$ 2.9 $\quad z = 4x - 3y + 10$

2.5 $\quad z = e^{x^2 - 8x + y^2 - 4y}$ $\qquad$ 2.10 $\quad z = \dfrac{xy - 4x}{y^2 + 1}$

3. Mostrar que se $z = xy$, então, $x\dfrac{\partial z}{\partial x} + y\dfrac{\partial z}{\partial y} = 2z$

4. Mostrar que se $z = x^3 - y^3$, então, $x\dfrac{\partial z}{\partial x} + y\dfrac{\partial z}{\partial y} = 3z$

5. Mostrar que se $z = \dfrac{1}{4}x^{0,2}y^{0,8}$, então, $x\dfrac{\partial z}{\partial x} + y\dfrac{\partial z}{\partial y} = z$

6. Mostrar que se $z = ax + by$ (com a e b constantes), então, $x\dfrac{\partial z}{\partial x} + y\dfrac{\partial z}{\partial y} = z$

7. Mostrar que se $z = ax^2 + bxy + cy^2$ (com a, b e c constantes), então,

$$z = \dfrac{1}{2}\left(x\dfrac{\partial z}{\partial x} + y\dfrac{\partial z}{\partial y}\right)$$

8. Mostrar que se $z = \dfrac{5x - 2y}{3x + 7y}$, então, $x\dfrac{\partial z}{\partial x} + y\dfrac{\partial z}{\partial y} = 0$

9. Mostrar que se $z = \dfrac{e^{xy}}{e^x + e^y}$, então, $\dfrac{\partial z}{\partial x} + \dfrac{\partial z}{\partial y} = (x + y - 1)z$

10. Mostrar que se $z = \dfrac{e^{x^2 + y^2}}{x^2 + y^2}$, onde $x^2 + y^2 \neq 0$, então, $y\dfrac{\partial z}{\partial x} = x\dfrac{\partial z}{\partial y}$

RESPOSTAS

1.1 $\dfrac{\partial z}{\partial x} = 4x^4 - 2y^2 + 4$; $\dfrac{\partial z}{\partial y} = -4xy - 5$

1.2 $\dfrac{\partial z}{\partial x} = y^2 - 9x^2y - 5$; $\dfrac{\partial z}{\partial y} = 2xy - 3x^3 + 4$

1.3 $\dfrac{\partial z}{\partial x} = \dfrac{y}{(x + y)^2}$; $\dfrac{\partial z}{\partial y} = -\dfrac{x}{(x + y)^2}$

1.4 $\dfrac{\partial z}{\partial x} = -\dfrac{1}{x^2 y}$; $\dfrac{\partial z}{\partial y} = -\dfrac{1}{xy^2}$

104 MATEMÁTICA

1.5 $\quad \dfrac{\partial z}{\partial x} = \dfrac{3x^2}{2\sqrt{x^3 - y^4}} \; ; \quad \dfrac{\partial z}{\partial y} = -\dfrac{2y^3}{\sqrt{x^3 - y^4}}$

1.6 $\quad \dfrac{\partial z}{\partial x} = 0{,}06x^{-0{,}7}y^{0{,}7} \; ; \quad \dfrac{\partial z}{\partial y} = 0{,}14x^{0{,}3}y^{-0{,}3}$

1.7 $\quad \dfrac{\partial z}{\partial x} = 2x \cdot e^{x^2 - 2y^2} \; ; \quad \dfrac{\partial z}{\partial y} = -4ye^{x^2 - 2y^2}$

1.8 $\quad \dfrac{\partial z}{\partial x} = \dfrac{1}{4}ye^{\frac{1}{4}xy}; \quad \dfrac{\partial z}{\partial y} = \dfrac{1}{4} xe^{\frac{1}{4}xy}$

1.9 $\quad \dfrac{\partial z}{\partial x} = e^{-xy}(y - xy^2) \; ; \quad \dfrac{\partial z}{\partial y} = e^{-xy}(x - x^2 y)$

1.10 $\quad \dfrac{\partial z}{\partial x} = \dfrac{2x}{x^2 + y^2} \; ; \quad \dfrac{\partial z}{\partial y} = \dfrac{2y}{x^2 + y^2}$

2.1 $\quad x = 0, y = 0$

2.2 $\quad x = 0, y = 4$

2.3 $\quad x = -\dfrac{2}{3}, y = \dfrac{2}{3}$

2.4 $\quad x = 1, y = 2$

2.5 $\quad x = 4, y = 2$

2.6 $\quad$ O sistema não tem solução

2.7 $\quad x = 0, y = 2; x = -1, y = -2$

2.8 $\quad x = \dfrac{3}{2}, y = 4; x = -1 \; y = -4$

2.9. $\quad$ O sistema não tem solução

2.10. $\quad x = 0, y = 4$

3.1.5 Aplicações Econômicas

1. Seja $y = 30 - 0{,}2p_1 - 0{,}3p_2$, a demanda de um produto A em função do seu preço p_1 e do preço p_2 de outro produto B.

a. Calcular a demanda marginal do produto A em relação a seu preço e interpretar o resultado.

b. Calcular a demanda marginal do produto A em relação ao preço de B e interpretar o resultado.

Solução:

a. $\dfrac{\partial y}{\partial p_1} = -0,2$

O resultado negativo diz que a demanda de A diminui com o aumento de seu preço. O bem A é normal.

b. $\dfrac{\partial y}{\partial p_2} = -0,3$

O resultado negativo diz que a demanda de A diminui com o aumento do preço de B. Isto significa que o produto B é complementar de A.

2. Dada a função de Cobb-Douglas $P = KT^{\alpha}C^{\beta}$, $\alpha + \beta = 1$ mostrar que o produto marginal em relação ao trabalho é função da relação $\dfrac{C}{T}$ dos fatores de produção. Interpretar o resultado.

Solução:

$$\frac{\partial P}{\partial T} = K \cdot \alpha\, T^{\alpha-1} \cdot C^{\beta} = K \cdot \alpha \cdot T^{-\beta}C^{\beta}$$

$$\frac{\partial P}{\partial T} = K \cdot \alpha \cdot \left(\frac{C}{T}\right)^{\beta}, \quad \text{isto é,} \quad \frac{\partial P}{\partial T} = f\left(\frac{C}{T}\right)$$

Isto significa que a resposta da produção a um aumento do fator trabalho depende da proporção atual $\dfrac{C}{T}$ dos fatores capital e trabalho empregados.

3. Mostrar que o produto marginal $\dfrac{\partial P}{\partial T}$ da função de Cobb-Douglas é homogêneo de grau zero e interpretar este resultado.

Solução:

$$P = K \cdot T^{\alpha}C^{\beta}, \quad \alpha + \beta = 1$$

$$\frac{\partial P}{\partial T} = K\alpha T^{\alpha-1}C^{\beta} \quad \text{ou} \quad \frac{\partial P}{\partial T} = K \cdot \alpha \left(\frac{C}{T}\right)^{\beta}$$

106 MATEMÁTICA

$$\frac{\partial P}{\partial T} = (\lambda T, \lambda C) = K \cdot \alpha \left(\frac{\lambda C}{\lambda T}\right)^{\beta} = K \cdot \alpha \cdot \left(\frac{C}{T}\right)^{\beta} \text{ ou,}$$

$$\frac{\partial P}{\partial T}(\lambda T, \lambda C) = \frac{\partial P}{\partial T}(T, C),$$

isto é, o produto marginal em relação ao fator trabalho é homogêneo de grau zero. Isto significa que a produtividade do fator trabalho permanece constante quando os fatores de produção T e C sofrem alterações na mesma proporção.

4. Mostrar que na função de Cobb-Douglas, o produto marginal em relação ao fator capital (C) é proporcional ao produto médio relativo a este fator, com coeficiente de proporcionalidade β.

Solução:

Como $P = KT^{\alpha}C^{\beta}$, $\alpha + \beta = 1$, temos:

Produto marginal do fator C: $\dfrac{\partial P}{\partial C} = KT^{\alpha}\beta C^{\beta-1} = \beta KT^{\alpha} \cdot C^{-\alpha} = \beta K\left(\dfrac{T}{C}\right)^{\alpha}$

Produto médio em relação a C: $\dfrac{P}{C} = \dfrac{KT^{\alpha}C^{\beta}}{C} = KT^{\alpha}C^{\beta-1} = K\left(\dfrac{T}{C}\right)^{\alpha}$

Portanto: $\dfrac{\partial P}{\partial C} = \beta K\left(\dfrac{T}{C}\right)^{\alpha} = \beta \cdot \dfrac{P}{C} \quad \therefore \quad \dfrac{\partial P}{\partial C} = \beta \dfrac{P}{C}$

5. Mostrar que na função de Cobb-Douglas, a elasticidade da produção em relação ao fator T é igual ao expoente α com que a quantidade do fator trabalho contribui proporcionalmente para o valor da produção.

Solução:

A elasticidade parcial da produção em relação ao fator trabalho é dada por:

$$E_T = \frac{\partial P}{\partial T} \cdot \frac{T}{P}$$

Mas: $\dfrac{\partial P}{\partial T} = K \cdot \alpha \cdot T^{\alpha-1} \cdot C^{\beta}$ ou $\dfrac{\partial P}{\partial T} = \alpha \cdot K\left(\dfrac{C}{T}\right)^{\beta}$

Portanto: $E_T = \alpha \cdot K \cdot \left(\dfrac{C}{T}\right)^{\beta} \cdot \dfrac{T}{P} = \alpha K \cdot \dfrac{C^{\beta}}{T^{\beta}} \cdot \dfrac{T}{KT^{\alpha}C^{\beta}}$

ou $E_T = \alpha \cdot \dfrac{T}{T^{\alpha+\beta}} = \alpha \quad \therefore \quad E_T = \alpha$

DERIVADAS PARCIAIS **107**

3.1.6 Exercícios de Aplicação

A seguir, proporemos um grupo de exercícios com o objetivo de mostrar algumas aplicações dos conceitos matemáticos estudados no Capítulo 3.

1. Calcular as demandas (parciais) marginais de x em relação a p e q $\left(\text{isto é}, \dfrac{\partial x}{\partial p} \text{ e } \dfrac{\partial x}{\partial q}\right)$ e de y em relação a p e q $\left(\text{isto é}, \dfrac{\partial y}{\partial p} \text{ e } \dfrac{\partial y}{\partial q}\right)$ nos casos seguintes, em que x e y representam as quantidades demandadas de dois bens, de preços p e q.

   1.1 $\quad x = 40 - 5p - 2q$; $y = 14 - 3p - 4q$

   1.2 $\quad x = 10 - 2p - 3q$; $y = 20 - 4p - 5q$

   1.3 $\quad x = 12 - 2p + q$; $y = 6 - 3p - 3q$

   1.4 $\quad x = \dfrac{q}{p}$; $y = \dfrac{p^2}{q}$

   1.5 $\quad x = \dfrac{1}{p^2 q}$; $y = \dfrac{1}{pq}$

   1.6 $\quad x = p^{-0,4} q^{-0,6}$; $y = p^{0,5} q^{-0,2}$

Dar a interpretação econômica dos resultados, em termos de bens complementares ou substitutos.

2. Calcular as produtividades marginais dos fatores T (trabalho) e C (capital) $\left(\text{isto é } \dfrac{\partial P}{\partial T} \text{ e } \dfrac{\partial P}{\partial C}\right)$ na função de Cobb-Douglas: $P = KT^{\alpha} C^{1-\alpha}$.

3. Utilizando a função de Cobb-Douglas, do exercício anterior, mostrar que $T\dfrac{\partial P}{\partial T} + C\dfrac{\partial P}{\partial C} = P$ e dar uma interpretação econômica para este resultado, em termos da contribuição dos fatores T e C para o produto final.

4. Mostrar que as funções produtividade marginal $\dfrac{\partial P}{\partial T}$ e $\dfrac{\partial P}{\partial C}$ obtidas no exercício 2, são funções homogêneas de grau zero e dar uma interpretação econômica deste resultado em termos de aumentos proporcionais nas quantidades dos fatores T e C.

5. Determinar as produtividades marginais dos fatores nas seguintes funções de produção:

108 MATEMÁTICA

5.1 $P = 1{,}01\,T^{\,0{,}75}C^{\,0{,}25}$ – (função produção dos Estados Unidos, determinada por Douglas para o período 1899-1922).

5.2 $P = T^{\,0{,}64}C^{\,0{,}36}$ – (função produção para a Austrália, determinada por Douglas e Gunn, para o período 1934-1935).

5.3 $P = T^{\,0{,}43}C^{\,0{,}58}$ – (função produção para o Canadá, determinada por Douglas e Daly, para o ano de 1937).

6. Determinar os custos marginais em relação a q_1 e q_2 $\left(\text{isto é, } \dfrac{\partial C}{\partial q_1} \text{ e } \dfrac{\partial C}{\partial q_2}\right)$ nas seguintes funções de custo, onde q_1 e q_2 representam as quantidades produzidas de dois bens.

   6.1 $C = 40 + q_1^2 + 5q_1q_2 + 3q_2^2$

   6.2 $C = q_1q_2\,\ell n\,(4 + q_2)$

   6.3 $C = 10q_1 + 2q_2 + 3q_1^2 + 3q_2^2 - 3q_1q_2$

7. Se $p_1 = 40 - 5q_1$ e $p_2 = 30 - 2q_2$ são as equações de demanda de dois bens, em que p_1 e p_2 representam os preços e q_1 e q_2 as quantidades, determinar:

   7.1 a função receita $(R(q_1, q_2))$

   7.2 as receitas marginais $\left(\dfrac{\partial R}{\partial q_1}, \dfrac{\partial R}{\partial q_2}\right)$

   7.3 a função lucro $L(q_1, q_2)$, quando se sabe que a equação do custo é dada por $C = 2q_1^2 + 4q_2^2 + 8q_1q_2$

   7.4 os lucros marginais $\left(\dfrac{\partial L}{\partial q_1}, \dfrac{\partial L}{\partial q_2}\right)$

8. Se $q_1 = p_1^{-1{,}6}p_2^{0{,}7}$ e $q_2 = p_1^{0{,}5}p_2^{-0{,}3}$ são as equações de demanda de dois bens em que p_1 e p_2 são os preços, determinar a elasticidade parcial das demandas em relação aos preços $\left(\dfrac{Eq_i}{Ep_j} = -\dfrac{P_j}{q_i} \cdot \dfrac{\partial q_i}{\partial p_j}\,;\, i,j = 1,2\right)$

9. Mostrar que o produto marginal em relação ao fator capital na função de Cobb-Douglas é função da proporção dos fatores $\dfrac{T}{C}$, na produção. Interpretar este resultado.

10. Mostrar que na função de Cobb-Douglas, o produto marginal em relação ao fator trabalho é proporcional ao produto médio relativo a este fator, com coeficiente de proporcionalidade α.

11. Mostrar que na função de Cobb-Douglas, a elasticidade da produção em relação ao fator capital (C) é a contribuição relativa β do fator capital.

DERIVADAS PARCIAIS **109**

RESPOSTAS

1.1 $\dfrac{\partial x}{\partial p} = -5$; $\dfrac{\partial x}{\partial q} = -2$; $\dfrac{\partial y}{\partial p} = -3$; $\dfrac{\partial y}{\partial q} = -4$

1.2 $\dfrac{\partial x}{\partial p} = -2$; $\dfrac{\partial x}{\partial q} = -3$; $\dfrac{\partial y}{\partial p} = -4$; $\dfrac{\partial y}{\partial q} = -5$

1.3 $\dfrac{\partial x}{\partial p} = -2$; $\dfrac{\partial x}{\partial q} = 1$; $\dfrac{\partial y}{\partial p} = -3$; $\dfrac{\partial y}{\partial q} = -3$

1.4 $\dfrac{\partial x}{\partial p} = -\dfrac{q}{p^2}$; $\dfrac{\partial x}{\partial q} = \dfrac{1}{p}$; $\dfrac{\partial y}{\partial p} = \dfrac{2p}{q}$; $\dfrac{\partial y}{\partial q} = \dfrac{-p^2}{q^2}$

1.5 $\dfrac{\partial x}{\partial p} = -\dfrac{2}{p^3 q}$; $\dfrac{\partial x}{\partial q} = -\dfrac{1}{p^2 q^2}$; $\dfrac{\partial y}{\partial p} = -\dfrac{1}{p^2 q}$; $\dfrac{\partial y}{\partial q} = -\dfrac{1}{p q^2}$

1.6 $\dfrac{\partial x}{\partial p} = -0,4p^{-1,4}q^{-0,6}$; $\dfrac{\partial x}{\partial q} = -0,6p^{-0,4}q^{-1,6}$; $\dfrac{\partial y}{\partial p} = 0,5p^{-0,5}q^{-0,2}$; $\dfrac{\partial y}{\partial q} = 0,2p^{0,5}q^{-1,2}$

2. $\dfrac{\partial P}{\partial T} = k\alpha T^{\alpha-1}C^{1-\alpha}$; $\dfrac{\partial P}{\partial C} = (1-\alpha)kT^{\alpha}C^{-\alpha}$

5.1 $\dfrac{\partial P}{\partial T} = 0,7575\,T^{-0,25}C^{0,25}$; $\dfrac{\partial P}{\partial C} = 0,2525\,T^{0,75}C^{-0,75}$

5.2 $\dfrac{\partial P}{\partial T} = 0,64\,T^{-0,36}C^{0,36}$; $\dfrac{\partial P}{\partial C} = 0,36\,T^{0,64}C^{-0,64}$

5.3 $\dfrac{\partial P}{\partial T} = 0,43\,T^{-0,57}C^{0,58}$; $\dfrac{\partial P}{\partial C} = 0,58\,T^{0,43}C^{-0,42}$

6.1 $\dfrac{\partial C}{\partial q_1} = 2q_1 + 5q_2$; $\dfrac{\partial C}{\partial q_2} = 5q_1 + 6q_2$

6.2 $\dfrac{\partial C}{\partial q_1} = q_2\,\ell n\,(4 + q_2)$; $\dfrac{\partial C}{\partial q_2} = q_1\,\ell n\,(4 + q_2) + \dfrac{(q_1 q_2)}{4 + q_2}$

6.3 $\dfrac{\partial C}{\partial q_1} = 10 + 6q_1 - 3q_2$; $\dfrac{\partial C}{\partial q_2} = 2 + 6q_2 - 3q_1$

7.1 $R(q_1, q_2) = 40q_1 - 5q_1^2 + 30q_2 - 2q_2^2$

7.2 $\dfrac{\partial R}{\partial q_1} = 40 - 10q_1$; $\dfrac{\partial R}{\partial q_2} = 30 - 4q_2$

7.3 $L(q_1, q_2) = 40q_1 - 7q_1^2 + 30q_2 - 6q_2^2 - 8q_1 q_2$

7.4 $\dfrac{\partial L}{\partial q_1} = 40 - 14q_1 - 8q_2$; $\dfrac{\partial L}{\partial q_2} = 30 - 12q_2 - 8q_1$

8. $\dfrac{Eq_1}{Ep_1} = \dfrac{1,6p^{-1,6}P_2^{0,7}}{q_1}$; $\dfrac{Eq_1}{Ep_2} = \dfrac{-0,7p_2^{0,7}p_1^{-1,6}}{q_1}$

$\dfrac{Eq_2}{Ep_1} = \dfrac{-0,5p_1^{0,5}p_2^{-0,3}}{q_2}$; $\dfrac{Eq_2}{Ep_2} = \dfrac{0,3p_1^{0,5}p_2^{-0,3}}{q_2}$

110 MATEMÁTICA

3.1.7 Derivadas Parciais de Ordem Superior à Primeira

Sejam $\dfrac{\partial f}{\partial x}$ e $\dfrac{\partial f}{\partial y}$ as derivadas parciais de uma função f em relação a x e y, respectivamente. Do mesmo modo como calculamos as derivadas parciais da função f, podemos calcular as derivadas parciais das funções $\dfrac{\partial f}{\partial x}$ e $\dfrac{\partial f}{\partial y}$, obtendo desta forma as derivadas parciais de segunda ordem, da função f.

Obtemos assim:

$$\frac{\partial^2 f}{\partial x^2} = \frac{\partial}{\partial x}\left(\frac{\partial f}{\partial x}\right) ; \qquad \frac{\partial^2 f}{\partial y^2} = \frac{\partial}{\partial y}\left(\frac{\partial f}{\partial y}\right)$$

– *derivadas puras* de segunda ordem de f, e

$$\frac{\partial^2 f}{\partial x \partial y} = \frac{\partial}{\partial x}\left(\frac{\partial f}{\partial y}\right) ; \qquad \frac{\partial^2 f}{\partial y \partial x} = \frac{\partial}{\partial y}\left(\frac{\partial f}{\partial x}\right)$$

– *derivadas mistas* ou *cruzadas*, de segunda ordem de f.

As derivadas parciais de segunda ordem poderão também ser indicadas pelas notações:

$$\frac{\partial^2 z}{\partial x^2} \quad \text{ou} \quad z_{xx} \quad \text{ou} \quad f_{xx}$$

$$\frac{\partial^2 z}{\partial y^2} \quad \text{ou} \quad z_{yy} \quad \text{ou} \quad f_{yy}$$

$$\frac{\partial^2 z}{\partial x \partial y} \quad \text{ou} \quad z_{yx} \quad \text{ou} \quad f_{yx}$$

$$\frac{\partial^2 z}{\partial y \partial x} \quad \text{ou} \quad z_{xy} \quad \text{ou} \quad f_{xy}$$

Exemplos:

1. Se $z = x^2 y^3$ temos:

$$\frac{\partial z}{\partial x} = 2xy^3 ; \quad \frac{\partial^2 z}{\partial x^2} = 2y^3$$

$$\frac{\partial z}{\partial y} = 3x^2 y^2 \; ; \quad \frac{\partial z}{\partial y^2} = 6x^2 y$$

$$\frac{\partial^2 z}{\partial x \partial y} = 6xy^2 \; ; \quad \frac{\partial^2 z}{\partial y \partial x} = 6xy^2$$

2. Se $z = x^4 y^3 - 2xy^2 + 4x - 5y$, temos:

$$\frac{\partial z}{\partial x} = 4x^3 y^3 - 2y^2 + 4 \; ; \quad \frac{\partial^2 z}{\partial x^2} = 12x^2 y^3$$

$$\frac{\partial z}{\partial y} = 3x^4 y^2 - 4xy - 5 \; ; \quad \frac{\partial^2 z}{\partial y^2} = 6x^4 y - 4x$$

$$\frac{\partial^2 z}{\partial x \partial y} = 12x^3 y^2 - 4y \; ; \quad \frac{\partial^2 z}{\partial y \partial x} = 12x^3 y^2 - 4y$$

3. Se $z = x^2 + y^2 + 4x - 5y + 10$, temos:

$$\frac{\partial z}{\partial x} = 2x + 4 \; ; \quad \frac{\partial^2 z}{\partial x^2} = 2$$

$$\frac{\partial z}{\partial y} = 2y - 5 \; ; \quad \frac{\partial^2 z}{\partial y^2} = 2$$

$$\frac{\partial^2 z}{\partial x \partial y} = 0 \; ; \quad \frac{\partial^2 z}{\partial y \partial x} = 0$$

4. Se $z = \dfrac{x}{y}$, temos:

$$\frac{\partial z}{\partial x} = \frac{1}{y} \; ; \quad \frac{\partial^2 z}{\partial x^2} = 0$$

$$\frac{\partial z}{\partial y} = -\frac{x}{y^2} \; ; \quad \frac{\partial^2 z}{\partial y^2} = \frac{2x}{y^3}$$

$$\frac{\partial^2 z}{\partial x \partial y} = -\frac{1}{y^2} \; ; \quad \frac{\partial^2 z}{\partial y \partial x} = -\frac{1}{y^2}$$

112 MATEMÁTICA

5. Se $z = e^{xy}$, temos:

$$\frac{\partial z}{\partial x} = ye^{xy} ; \qquad \frac{\partial^2 z}{\partial x^2} = y^2 e^{xy}$$

$$\frac{\partial z}{\partial y} = xe^{xy} ; \qquad \frac{\partial^2 z}{\partial y^2} = x^2 e^{xy}$$

$$\frac{\partial^2 z}{\partial x \partial y} = e^{xy}(1 + xy) ; \qquad \frac{\partial^2 z}{\partial y \partial x} = e^{xy}(1 + xy)$$

Observação: Se f é uma função de duas variáveis, a matriz.

$$D = \begin{bmatrix} \dfrac{\partial^2 z}{\partial x^2}(x_0, y_0) & \dfrac{\partial^2 z}{\partial y \partial x}(x_0, y_0) \\ \dfrac{\partial^2 z}{\partial x \partial y}(x_0, y_0) & \dfrac{\partial^2 z}{\partial y^2}(x_0, y_0) \end{bmatrix}$$

recebe o nome de matriz das derivadas segundas de f, no ponto (x_0, y_0)

6. Se $z = xy^2 - 3x^2 + 4y + 5$, temos:

$$\frac{\partial z}{\partial x} = y^2 - 6x ; \quad \frac{\partial 2^2}{\partial x^2} = -6$$

$$\frac{\partial z}{\partial y} = 2xy + 4 ; \quad \frac{\partial^2 z}{\partial y^2} = 2x$$

$$\frac{\partial^2 z}{\partial x \partial y} = 2y ; \quad \frac{\partial^2 z}{\partial y \partial x} = 2y$$

Temos, em particular, no ponto $(1, 2)$:

$$\frac{\partial^2 z}{\partial x^2}(1, 2) = -6 ; \quad \frac{\partial^2 z}{\partial y^2}(1, 2) = 2$$

$$\frac{\partial^2 z}{\partial x \partial y}(1, 2) = 4 ; \quad \frac{\partial^2 z}{\partial y \partial x}(1, 2) = 4$$

A matriz das derivadas segundas da função dada, no ponto $(1, 2)$, é:

$$D = \begin{bmatrix} -6 & 4 \\ 4 & 2 \end{bmatrix}$$

EXERCÍCIOS PROPOSTOS ——————————————

1. Determinar as derivadas parciais de segunda ordem das funções dadas por:

1.1 $z = x + y$

1.2 $z = xy$

1.3 $z = x^2 - y^2$

1.4 $z = x^3 - 3y^2 + x^2 + 5$

1.5 $z = \dfrac{1}{4} x^3 y^5$

1.6 $z = \dfrac{1}{5} x^5 - \dfrac{1}{4} y^4 + 3x - 2y + 5$

1.7 $z = \dfrac{y}{x}$

1.8 $z = xe^{-y}$

1.9 $z = e^{-xy^2}$

1.10 $z = \ln(xy)$

1.11 $z = \dfrac{1}{4} x^{0,3} y^{0,7}$

2. Determinar a matriz das derivadas segundas de cada uma das funções seguintes, nos pontos indicados:

2.1 $z = x^4 - x^3 y^2$; $(4, 5)$

2.2 $z = xe^y$; $(0, 0)$

2.3 $z = x^2 + y^2 + 5xy$; (x, y)

2.4 $z = \ln(x^2 - xy + 3)$; $(2, 3)$

114 MATEMÁTICA

RESPOSTAS

	$\dfrac{\partial^2 z}{\partial x^2}$	$\dfrac{\partial^2 z}{\partial y^2}$	$\dfrac{\partial^2 z}{\partial y \partial x}$	$\dfrac{\partial^2 z}{\partial x \partial y}$
1.1	0	0	0	0
1.2	0	0	1	1
1.3	2	-2	0	0
1.4	$6x+2$	-6	0	0
1.5	$\dfrac{3}{2}xy^5$	$5x^3y^3$	$\dfrac{15}{4}x^2y^4$	$\dfrac{15}{4}x^2y^4$
1.6	$4x^3$	$-3y^2$	0	0
1.7	$\dfrac{2y}{x^3}$	0	$-\dfrac{1}{x^2}$	$-\dfrac{1}{x^2}$
1.8	0	xe^{-y}	$-e^{-y}$	$-e^{-y}$
1.9	$y^4 e^{-xy^2}$	$e^{-xy^2}(4x^2y^2-2x)$	$e^{-xy^2}(2xy^3-2y)$	$e^{-xy^2}(2xy^3-2y)$
1.10	$-\dfrac{1}{x^2}$	$-\dfrac{1}{y^2}$	0	0
1.11	$-0{,}0525x^{-1,7}y^{0,7}$	$-0{,}0525x^{0,3}y^{-1,3}$	$0{,}0525x^{-0,7}y^{-0,3}$	$0{,}0525x^{-0,7}y^{-0,3}$

2.1 $\quad D = \begin{bmatrix} -408 & -480 \\ -480 & -128 \end{bmatrix}$

2.3 $\quad D = \begin{bmatrix} 2 & 5 \\ 5 & 2 \end{bmatrix}$

2.2 $\quad D = \begin{bmatrix} 0 & 1 \\ 1 & 0 \end{bmatrix}$

$\quad D = \begin{bmatrix} 1 & 1 \\ 1 & -4 \end{bmatrix}$

3.1.8 Funções Diferenciáveis

Seja f uma função de duas variáveis e (x_0, y_0) um ponto do interior do seu domínio. Neste item estudaremos o comportamento dos valores da diferença

$$\Delta z = f(x_0 + \Delta x, y_0 + \Delta y) - f(x_0, y_0)$$

para pequenos valores de Δx e Δy.

Veremos que para uma grande classe de funções, as denominadas funções diferenciáveis, a diferença Δz pode ser representada numa forma de especial interesse nas aplicações.

Definição: Seja f uma função de duas variáveis e (x_0, y_0) um ponto do interior do seu domínio. Diremos que f é diferenciável no ponto (x_0, y_0) quando a diferença $\Delta z = f(x_0 + \Delta x, y_0 + \Delta y) - f(x_0, y_0)$ admitir a seguinte representação:

(1)

$$\Delta z = f(x_0 + \Delta x, y_0 + \Delta y) - f(x_0, y_0) = \frac{\partial f}{\partial x}(x_0, y_0)\,\Delta x +$$

$$+ \frac{\partial f}{\partial y}(x_0, y_0)\,\Delta y + N_1\,(\Delta x, \Delta y)\,\Delta x + N_2\,(\Delta x, \Delta y)\,\Delta y$$

onde

$$\lim_{(\Delta x, \Delta y) \to (0, 0)} N_1\,(\Delta x, \Delta y) = \lim_{(\Delta x, \Delta y) \to (0, 0)} N_2\,(\Delta x, \Delta y) = 0$$

Isto significa que, para pequenos valores de Δx e Δy, a diferença Δz pode ser avaliada aproximadamente pela expressão

$$\frac{\partial f}{\partial x}(x_0, y_0)\,\Delta x + \frac{\partial f}{\partial y}(x_0, y_0)\,\Delta y$$

pois, em vista das propriedades de N_1 e N_2, resulta que a soma $N_1\,\Delta x + N_2\,\Delta y$ é pouco significativa para a diferença Δz.

Portanto, para pequenos valores de Δx e Δy podemos escrever:

(2)

$$\boxed{\Delta z = f(x_0 + \Delta x, y_0 + \Delta y) - f(x_0, y_0) \cong \frac{\partial f}{\partial x}(x_0, y_0)\,\Delta x + \frac{\partial f}{\partial y}(x_0, y_0)\,\Delta y}$$

ou ainda:

(3)

$$\boxed{f(x_0 + \Delta x, y_0 + \Delta y) \cong f(x_0, y_0) + \frac{\partial f}{\partial x}(x_0, y_0)\,\Delta x + \frac{\partial f}{\partial y}(x_0, y_0)\,\Delta y}$$

116 MATEMÁTICA

o que nos permite avaliar aproximadamente a função f no ponto $(x_0 + \Delta x, y_0 + \Delta y)$, utilizando o valor de f no ponto (x_0, y_0) e os valores das derivadas parciais de f no mesmo ponto.

O plano de equação

(4)

$$z = f(x_0, y_0) + \frac{\partial f}{\partial x}(x_0, y_0)\ (x - x_0) + \frac{\partial f}{\partial y}(x_0, y_0)\ (y - y_0)$$

é o plano tangente ao gráfico da função f no ponto $(x_0, y_0, z_0) = (x_0, y_0, f(x_0, y_0))$. Considerando que $\Delta x = x - x_0$ e $\Delta y = y - y_0$, a equação deste plano pode ser escrita na forma

(5)

$$z = f(x_0, y_0) + \frac{\partial f}{\partial x}(x_0, y_0)\ \Delta x + \frac{\partial f}{\partial y}(x_0, y_0)\ \Delta y$$

Observando a representação (3), podemos dizer que se f é diferenciável num ponto (x_0, y_0), os valores de f nos pontos $(x_0 + \Delta x, y_0 + \Delta y)$, para pequenos valores de Δx e Δy, podem ser substituídos, com boa aproximação, pelos correspondentes valores do plano tangente.

3.1.9 Diferencial de uma Função

Seja f uma função de duas variáveis, diferenciável num ponto (x_0, y_0). A função df definida no R^2 e tal que

$$df(\Delta x, \Delta y) = \frac{\partial f}{\partial x}(x_0, y_0)\ \Delta x + \frac{\partial f}{\partial y}(x_0, y_0)\ \Delta y$$

recebe o nome de diferencial da função f no ponto (x_0, y_0).

Quando não for importante explicitar x e y, indicaremos a diferencial de f no ponto (x_0, y_0) simplesmente por df ou dz.

DERIVADAS PARCIAIS **117**

Note-se que, se f é diferenciável num ponto (x_0, y_0), a diferença $\Delta z = f(x_0 + \Delta x, y_0 + \Delta y) - (x_0, y_0)$ para pequenos valores de Δx e Δy pode ser avaliada, aproximadamente, pela diferencial de f no ponto (x_0, y_0), isto é:

$$\Delta z = f(x_0 + \Delta x, y_0 + \Delta y) - f(x_0, y_0) \cong df(\Delta x, \Delta y)$$

ou ainda:

$$\boxed{f(x_0 + \Delta x, y_0 + \Delta y) \cong f(x_0, y_0) + df(\Delta x, \Delta y)}$$

para pequenos valores de Δx e Δy.

Exemplo:

Seja a função f dada por $z = x^2 + y^2$. Neste caso, temos:

$$\Delta z = f(x_0 + \Delta x, y_0 + \Delta y) - f(x_0, y_0) =$$
$$= (x_0 + \Delta x)^2 + (y_0 + \Delta y)^2 - x_0^2 - y_0^2 =$$
$$= x_0^2 + 2x_0\Delta x + (\Delta x)^2 + y_0^2 + 2y_0\Delta y + (\Delta y)^2 - x_0^2 - y_0^2 =$$
$$= 2x_0\Delta x + 2y_0\Delta y + (\Delta x)^2 + (\Delta y)^2$$

Observando que $\dfrac{\partial z}{\partial x}(x_0, y_0) = 2x_0$ e que $\dfrac{\partial z}{\partial y}(x_0, y_0) = 2y_0$ podemos escrever:

$$\Delta z = \frac{\partial z}{\partial x}(x_0, y_0)\,\Delta x + \frac{\partial z}{\partial y}(x_0, y_0)\,\Delta y + (\Delta x)^2 + (\Delta y)^2$$

Fazendo $N_1(\Delta x, \Delta y) = \Delta x$ e $N_2(\Delta x, \Delta y) = \Delta y$, temos:

$$\Delta z = \frac{\partial f}{\partial x}(x_0, y_0)\,\Delta x + \frac{\partial f}{\partial y}(x_0, y_0)\,\Delta y + N_1(\Delta x, \Delta y)\,\Delta x + N_2(\Delta x, \Delta y)\,\Delta y$$

com $\displaystyle \lim_{(\Delta x, \Delta y) \to (0, 0)} N_1(\Delta x, \Delta y) = \lim_{(\Delta x, \Delta y) \to (0, 0)} N_2(\Delta x, \Delta y) = 0$

Portanto, a função dada por $z = x^2 + y^2$ é diferenciável em todo ponto $(x_0, y_0) \in R^2$.

118 MATEMÁTICA

Em particular, para pequenos valores de Δx e Δy temos:

$$\Delta z \cong \frac{\partial f}{\partial x}(x_0, y_0)\, \Delta x + \frac{\partial f}{\partial y}(x_0, y_0)\, \Delta y$$

isto é:

$$\Delta z \cong 2x_0 \Delta x + 2y_0 \Delta y$$

ou ainda:

$$(x_0 + \Delta x)^2 + (y_0 + \Delta y)^2 - x_0^2 - y_0^2 \cong 2x_0 \Delta x + 2y_0 \Delta y$$

Logo:

$$(x_0 + \Delta x)^2 + (y_0 + \Delta y)^2 \cong x_0^2 + y_0^2 + 2x_0 \Delta x + 2y_0 \Delta y$$

expressão esta que nos dá valores aproximados da função dada por $z = x^2 + y^2$, no ponto $(x_0 + \Delta x, y_0 + \Delta y)$, para pequenos valores de Δx e Δy.

A equação do plano tangente ao gráfico da função dada por $z = x^2 + y^2$ no ponto $(x_0, y_0, z_0) = (x_0, y_0, x_0^2 + y_0^2)$ é, neste caso,

$$z = x_0^2 + y_0^2 + 2x_0 (x - x_0) + 2y_0 (y - y_0)$$

A diferencial da função f dada por $z = x^2 + y^2$ no ponto (x_0, y_0) é dada por:

$$dz = 2x_0 \Delta x + 2y_0 \Delta y$$

EXERCÍCIOS PROPOSTOS

1. Mostrar aplicando a definição, que as funções seguintes são diferenciáveis em todo ponto $(x, y) \in R^2$.

1.1 $z = x$ 1.6 $z = x^2 + y$

1.2 $z = y$ 1.7 $z = x^3 + y^3$

1.3 $z = x + y$ 1.8 $z = 2x^2 - 3y^2$

1.4 $z = xy$ 1.9 $z = x^2 - 2xy$

1.5 $z = x^2 - y^2$ 1.10 $z = y^2 + x^2 y$

DERIVADAS PARCIAIS **119**

2. Calcular a diferencial de cada uma das funções do exercício anterior, num ponto (x_0, y_0) qualquer do R^2.

3. Escrever a equação do plano tangente ao gráfico de cada uma das funções do exercício anterior num ponto genérico (x_0, y_0, z_0) do respectivo gráfico.

4. Mostrar que se f e g são funções diferenciáveis num ponto (x_0, y_0), então as funções $f + g$ e $f \cdot g$ são diferenciáveis em (x_0, y_0), assim como $\dfrac{f}{g}$ desde que $g(x_0, f_0) \neq 0$.

RESPOSTAS

2.

2.1 $dz = \Delta x$

2.2 $dz = \Delta y$

2.3 $dz = \Delta x + \Delta y$

2.4 $dz = y\Delta x + x\Delta y$

2.5 $dz = 2x\Delta x - 2y\Delta y$

2.6 $dz = 2x\Delta x + \Delta y$

2.7 $dz = 3x^2\Delta x + 3y^2\Delta y$

2.8 $dz = 4x\Delta x - 6y\Delta y$

2.9 $dz = (2x - 2y)\Delta x - 2x\Delta y$

2.10 $dz = 2xy\Delta x + (2y + x^2)\Delta y$

3.

3.1 $z = x$

3.2 $z = y$

3.3 $z = x + y$

3.4 $z = xy_0 + x_0y - x_0y_0$

3.5 $z = 2x_0x - 2y_0y - x_0^2 + y_0^2$

3.6 $z = 2x_0x + y - x_0^2$

3.7 $z = 3x_0^2x + 3y_0^2y - 2x_0^3 - 2y_0^3$

3.8 $z = 4x_0x - 6y_0y - 2x_0^2 + 3y_0^2$

3.9 $z = (2x_0 - 2y_0)x - 2x_0y + 2x_0y_0 - x_0^2$

3.10 $z = 2x_0y_0x + (2y_0 + x_0^2)y - y_0^2 - 2x_0^2y_0$

120 MATEMÁTICA

3.1.10 Critério de Diferenciabilidade

O seguinte critério de diferenciabilidade pode ser bastante útil no estudo das funções diferenciáveis:

"Se $\dfrac{\partial f}{\partial x}(x_0, y_0)$ e $\dfrac{\partial f}{\partial y}(x_0, y_0)$ existem, e se $\dfrac{\partial f}{\partial x}$ ou $\dfrac{\partial f}{\partial y}$ existe numa vizinhança de (x_0, y_0) e é contínua em (x_0, y_0), então f é diferenciável no ponto (x_0, y_0)."

EXERCÍCIOS PROPOSTOS ————————————————

1. Usando o exercício 4 e/ou o critério de diferenciabilidade, justificar que as funções seguintes são diferenciáveis nos pontos indicados:

1.1 $z = \dfrac{x}{y}$, (x_0, y_0), $y_0 \neq 0$

1.2 $z = \dfrac{x + y}{x - y}$, (x_0, y_0), $x_0 \neq y_0$

1.3 $z = 3x^2 y + 4xy^2$, (x_0, y_0)

1.4 $z = \sqrt{x_0^2 + y_0^2}$, $(x_0, y_0) \neq (0, 0)$

1.5 $z = e^{x+y}$, (x_0, y_0)

1.6 $z = \ell n\,(x - y)$, (x_0, y_0), $x_0 > y_0$

1.7 $z = xye^{x^2 - y^2}$, (x_0, y_0)

1.8 $z = \dfrac{x^2 + 3y^2}{x^2 + y^2 + 1}$, (x_0, y_0)

3.1.11 Funções Compostas: Regra da Cadeia

1 *Definição*

Seja f uma função de duas variáveis, definida num conjunto D. Sejam $x = g(t)$ e $y = h(t)$ duas funções definidas num intervalo $]a,\ b[$, com $(g(t), h(t)) \in D$, para todo $t \in\ ]a, b[$. A função F, definida em $]a, b[$ e tal que

$$F(t) = f(g(t), h(t))$$

é denominada função composta de f com g e h.

DERIVADAS PARCIAIS **121**

Exemplos:

1. Consideremos a função f definida no R^2 e tal que $f(x, y) = 2x + 3y + 1$. Sejam as funções g e h definidas em R e tais que

$$x = g(t) = t^2 \ ; \qquad y = h(t) = 3t + 1$$

Então, a função F definida em R e tal que

$$F(t) = f(g(t), h(t)) = f(t^2, 3t + 1) = 2t^2 + 3(3t + 1) + 1$$

isto é,

$$F(t) = 2t^2 + 9t + 4$$

é a função composta de f com g e h.

2. Seja f a função definida no R^2 e tal que $f(x, y) = e^{3x + y^3}$. Sejam as funções g e h defindas em R e tais que

$$x = g(t) = t^2 - 2t \quad e \quad y = h(t) = t^3$$

Então, a função f definida em R e tal que

$$F(t) = f(g(t), h(t)) = e^{3(t^2 - 2t) + (t^3)^3} = e^{t^9 + 3t^2 - 6t}$$

é a função composta de f com g e h.

3. Seja f a função definida no R^2 e tal que $f(x, y) = x^2 + y^2 - 1$, seja h a função definida em R e tal que $h(x) = 3x - 1$

Neste caso podemos considerar:

$$x = g(x) = x, \quad y = h(x) = 3x - 1$$

A função F definida em R e tal que

$$F(x) = f(g(x), h(x)) = f(x, 3x + 1) = x^2 + (3x - 1)^2 - 1 =$$
$$= x^2 + 9x^2 - 6x + 1 - 1 = 10x^2 - 6x$$

é a função composta de f com g e h.

122 MATEMÁTICA

2 *Derivada das funções compostas*

A seguir, examinaremos os exemplos apresentados para introduzirmos uma regra geral de derivação das funções compostas.

No exemplo 1 tínhamos:

$$F(t) = 2t^2 + 9t + 4,$$

de onde vem:

$$\frac{\mathrm{d}F}{\mathrm{d}t} = 4t + 9$$

Mas,

$$\frac{\partial f}{\partial x} = 2 \; ; \quad \frac{\partial f}{\partial y} = 3 \text{ e}$$

$$\frac{\mathrm{d}x}{\mathrm{d}t} = 2t \; ; \quad \frac{\mathrm{d}y}{\mathrm{d}t} = 3$$

Assim, podemos facilmente verificar que:

$$\frac{\mathrm{d}F}{\mathrm{d}t} = \frac{\partial f}{\partial x} \cdot \frac{\mathrm{d}x}{\mathrm{d}t} + \frac{\partial f}{\partial y} \cdot \frac{\mathrm{d}y}{\mathrm{d}t}$$

No exemplo 2 obtivemos:

$$F(t) = e^{\,t^9 + 3t^2 - 6t}$$

de onde vem:

$$\frac{\mathrm{d}F}{\mathrm{d}t} = (9t^8 + 6t - 6)\, e^{\,t^9 + 3t^2 - 6t}$$

Mas,

$$\frac{\partial f}{\partial x} = 3e^{3x + y^3} \; ; \qquad \frac{\partial f}{\partial y} = 3y^2 e^{3x + y^3}$$

$$\frac{\mathrm{d}x}{\mathrm{d}t} = 2t - 2 \; ; \quad \frac{\mathrm{d}y}{\mathrm{d}t} = 3t^2$$

Então,

$$\frac{\partial f}{\partial x} \cdot \frac{dx}{dt} + \frac{\partial f}{\partial y} \cdot \frac{dy}{dt} = 3e^{3x+y^3}(2t-2) + 3y^2 e^{3x+y^3}(3t^2)$$

$$= e^{t^9+3t^2-6t}(6t-6+3(t^3)^2 3t^2) =$$

$$= (9t^8+6t-6)e^{t^9+3t^2-6t}$$

Também neste caso podemos verificar que

$$\frac{dF}{dt} = \frac{\partial f}{\partial x} \cdot \frac{dx}{dt} + \frac{\partial f}{\partial y} \cdot \frac{dy}{dt}$$

No exemplo 3, F era tal que:

$$F(x) = 10x^2 - 6x,$$

de onde vem

$$\frac{dF}{dx} = 20x - 6$$

Neste caso,

$$\frac{\partial f}{\partial x} = 2x \; ; \qquad \frac{\partial f}{\partial y} = 2y \; ; \qquad \frac{dx}{dx} = 1 \; ; \qquad \frac{dy}{dx} = 3$$

Então,

$$\frac{\partial f}{\partial x} \cdot \frac{dx}{dx} + \frac{\partial f}{\partial y} \cdot \frac{dy}{dx} = 2x \cdot 1 + 2y \cdot 3$$

$$= 2x + 2(3x-1) \cdot 3 = 20x - 6 = \frac{dF}{dx}$$

Portanto, ainda temos,

$$\frac{dF}{dx} = \frac{\partial f}{\partial x} \cdot \frac{dx}{dx} + \frac{\partial f}{\partial y} \cdot \frac{dy}{dx}$$

O resultado obtido nos exemplos dados têm caráter geral. De fato, é possível demonstrar o seguinte:

124 MATEMÁTICA

Teorema: Se $x = g(t)$ e $y = h(t)$ são funções deriváveis num ponto t_0 e se f é diferenciável no ponto $(x_0 = g(t_0), y_0 = h(t_0))$, então a função composta F é derivável em t_0, e

$$\frac{dF}{dt}(t_0) = \frac{\partial f}{\partial x}(x_0, y_0) \cdot \frac{dx}{dt}(t_0) + \frac{\partial f}{\partial y}(x_0, y_0) \cdot \frac{dy}{dt}(t_0)$$

Este teorema dá a regra da derivação das funções compostas, ou a regra de cadeia, notada usualmente por:

$$\boxed{\frac{dF}{dt} = \frac{\partial f}{\partial x} \cdot \frac{dx}{dt} + \frac{\partial f}{\partial y} \cdot \frac{dy}{dt}}$$

EXERCÍCIOS PROPOSTOS

1. Dadas as funções f, g, h, determinar a função F, composta de f com g e h, em cada um dos casos seguintes:

1.1 $f(x, y) = 3x - 5y + 1$; $g(t) = t^2$; $h(t) = 2t$

1.2 $f(x, y) = 4y - 3x^2$; $g(t) = t^3 - 1$; $h(t) = 1 - t^3$

1.3 $f(x, y) = e^{x+y}$; $g(t) = 2t$; $h(t) = t$

1.4 $f(x, y) = \ln(3x^2 + y)$; $g(t) = t + 1$; $h(t) = 5t$

1.5 $f(x, y) = \sqrt{x + y}$; $g(x) = x$; $h(x) = x^2$

1.6 $f(x, y) = \dfrac{x + y}{x - y}$; $g(t) = 4t^2$; $h(t) = 2t$

1.7 $f(x, y) = \dfrac{1}{2} x^{1/2} y^{1/2}$; $g(x) = x$; $h(x) = 3x$

1.8 $f(x, y) = \dfrac{x}{y}$; $g(t) = t^2$; $h(t) = t$

1.9 $f(x, y) = \dfrac{4xy}{1 + xy}$; $g(s) = e^s$; $h(s) = e^{-s}$

1.10 $f(x, y) = \log(xy + 4x)$; $g(x) = x$; $h(x) = x^2$

1.11 $f(x, y) = 3^{5x - 3y^2}$; $g(p) = p^2$; $h(p) = p$

DERIVADAS PARCIAIS **125**

2. Determinar diretamente a derivada de cada uma das funções compostas obtidas no exercício anterior.

3. Utilizando a *regra de cadeia*, determinar a derivada das funções compostas obtidas no exercício 1 e comparar com os resultados obtidos no exercício 2.

RESPOSTAS

1.

1.1 $F(t) = 3t^2 - 10t + 1$

1.2 $F(t) = -3t^6 + 2t^3 + 1$

1.3 $F(t) = e^{3t}$

1.4 $F(t) = \ln(3t^2 + 11t + 3)$

1.5 $F(x) = \sqrt{x + x^2}$

1.6 $F(t) = \dfrac{2t + 1}{2t - 1}$

1.7 $F(t) = \dfrac{\sqrt{3}}{2} x$

1.8 $F(t) = t$

1.9 $F(s) = 2$

1.10 $F(x) = \log(x^3 + 4x)$

1.11 $F(p) = 3^{2p^2}$

2.

2.1 $\dfrac{dF}{dt} = 6t - 10$

2.2 $\dfrac{dF}{dt} = -18t^5 + 6t^2$

2.3 $\dfrac{dF}{dt} = 3e^{3t}$

2.4 $\dfrac{dF}{dt} = \dfrac{6t + 11}{3t^2 + 11t + 3}$

2.5 $\dfrac{dF}{dt} = \dfrac{1 + 2x}{2\sqrt{x^2 + x}}$

2.6 $\dfrac{dF}{dt} = \dfrac{-4}{(2t - 1)^2}$

2.7 $\dfrac{dF}{dx} = \dfrac{\sqrt{3}}{2}$

126   MATEMÁTICA

2.8 $\dfrac{\mathrm{d}F}{\mathrm{d}t} = 1$

2.9 $\dfrac{\mathrm{d}F}{\mathrm{d}s} = 0$

2.10 $\dfrac{\mathrm{d}F}{\mathrm{d}x} = \dfrac{3x^2 + 4}{(x^3 + 4x)\,\ell n\,10}$

2.11 $\dfrac{\mathrm{d}F}{\mathrm{d}p} = 4\,\ell n\,3 \cdot p \cdot 3^{\,2p^2}$

3   *Diferencial das funções compostas*

Se g e h são deriváveis num ponto t e se f é diferenciável no ponto $(g(t), h(t))$, então, pelo teorema anterior, temos:

(1) $\dfrac{\mathrm{d}F}{\mathrm{d}t}(t) = \dfrac{\partial f}{\partial x}(x, y)\,\dfrac{\mathrm{d}x}{\mathrm{d}t}(t) + \dfrac{\partial f}{\partial y}(x, y)\,\dfrac{\mathrm{d}y}{\mathrm{d}t}(t)$

Por outro lado, para diferencial de F em t temos:

(2) $\mathrm{d}F(t) = \dfrac{\mathrm{d}F}{\mathrm{d}t}(t) \cdot \mathrm{d}t$

De (1) e (2) vem:

$$\mathrm{d}F(t) = \left[\dfrac{\partial f}{\partial x}(x, y)\,\dfrac{\mathrm{d}x}{\mathrm{d}t}(t) + \dfrac{\partial f}{\partial y}(x, y)\,\dfrac{\mathrm{d}y}{\mathrm{d}t}(t)\right]\mathrm{d}t$$

ou simplesmente

$$\mathrm{d}F = \dfrac{\partial f}{\partial x}\,\mathrm{d}x + \dfrac{\partial f}{\partial y}\,\mathrm{d}y,$$

onde $\mathrm{d}x$ e $\mathrm{d}y$ são respectivamente as diferenciais no ponto t das funções dadas por $x = g(t)$ e $y = h(t)$, isto é,

$$\mathrm{d}x = g'(t)\mathrm{d}t \quad \text{e} \quad \mathrm{d}y = h'(t)\,\mathrm{d}t$$

DERIVADAS PARCIAIS **127**

4 *Extensão para o caso de duas variáveis*

Examinamos até agora a função composta de f com g e h, no caso em que g e h eram funções de apenas uma variável.

No caso em que g e h são funções de duas variáveis u e v, podemos com raciocínio análogo considerar a função composta F tal que:

$$F(u, v) = f(g(u, v), h(u, v))$$

Exemplos:

1. Seja f a função definida no R^2 e tal que $f(x, y) = e^{x-y}$. Consideremos as funções definidas no R^2 e tais que $x = g(u, v) = 3u + v$ e $y = h(u, v) = u^2 - v$.

Neste caso,

$$F(u, v) = f(g(u, v), h(u, v)) = f(3u + v, u^2 - v) = e^{3u + 2v - u^2}$$

2. Seja f a função definida no R^2 e tal que $f(x, y) = \log(x^2 + y^2 + 1)$. Consideremos as funções definidas nos pontos $(u, v) \in R^2$ com $u \neq 0$ e $v \neq 0$, tais que:

$$g(u, v) = \frac{1}{u} \quad e \quad h(u, v) = \frac{1}{v}$$

Assim,

$$F(u, v) = f(g(u, v), h(u, v)) = f\left(\frac{1}{u}, \frac{1}{v}\right) = \log\left(\frac{1}{u^2} + \frac{1}{v^2} + 1\right)$$

Neste caso, a regra da cadeia para a função composta F tem a seguinte forma:

$$\frac{\partial F}{\partial u} = \frac{\partial f}{\partial x} \cdot \frac{\partial x}{\partial u} + \frac{\partial f}{\partial y} \cdot \frac{\partial y}{\partial u} \quad e$$

$$\frac{\partial F}{\partial v} = \frac{\partial f}{\partial x} \cdot \frac{\partial x}{\partial v} + \frac{\partial f}{\partial y} \cdot \frac{\partial y}{\partial v},$$

desde que as funções g e h sejam diferenciáveis no ponto (u, v) e f seja diferenciável no ponto $(g(u, v), h(u, v))$, conforme ilustram os exemplos seguintes:

128 MATEMÁTICA

3. Sejam f, g e h, as funções do exemplo 1.

Temos, então:

$$F(u, v) = e^{3u + 2v - u^2}$$

Mas $\dfrac{\partial F}{\partial u} = (3 - 2u) \cdot e^{3u + 2v - u^2}$; $\qquad \dfrac{\partial F}{\partial v} = 2e^{3u + 2v - u^2}$

Aplicando-se, agora, a regra da cadeia, obtemos:

$$\frac{\partial F}{\partial u} = \frac{\partial f}{\partial x} \cdot \frac{\partial x}{\partial u} + \frac{\partial f}{\partial y} \cdot \frac{\partial y}{\partial u} = e^{x-y} \cdot 3 - e^{x-y} \cdot (2u) = e^{3u + 2v - u^2} (3 - 2u)$$

$$\frac{\partial F}{\partial v} = \frac{\partial f}{\partial x} \cdot \frac{\partial x}{\partial v} + \frac{\partial f}{\partial y} \cdot \frac{\partial y}{\partial v} = e^{x-y} - e^{x-y} (-1) = 2e^{3u + 2v - u^2}$$

4. No caso das funções f, g e h do exemplo 2, temos:

$$F(u, v) = \log\left(\frac{1}{u^2} + \frac{1}{v^2} + 1\right)$$

$$\frac{\partial F}{\partial u} = -\frac{2}{u^3 \, \ell n \, 10} \cdot \frac{1}{\dfrac{1}{u^2} + \dfrac{1}{v^2} + 1}$$

$$\frac{\partial F}{\partial v} = -\frac{2}{v^3 \, \ell n \, 10} \cdot \frac{1}{\dfrac{1}{u^2} + \dfrac{1}{v^2} + 1}$$

Aplicando-se, agora, a regra da cadeia, temos:

$$\frac{\partial F}{\partial u} = \frac{\partial f}{\partial x} \cdot \frac{\partial x}{\partial u} + \frac{\partial f}{\partial y} \cdot \frac{\partial y}{\partial u} = \frac{2x}{(x^2 + y^2 + 1) \, \ell n \, 10} \cdot \left(\frac{-1}{u^2}\right) +$$

$$+ \frac{2y}{(x^2 + y^2 + 1) \, \ell n \, 10} \cdot 0 = \frac{-2}{u^3 \, \ell n \, 10} \cdot \frac{1}{\dfrac{1}{u^2} + \dfrac{1}{v^2} + 1}$$

$$\frac{\partial F}{\partial v} = \frac{\partial f}{\partial x} \cdot \frac{\partial x}{\partial v} + \frac{\partial f}{\partial y} \cdot \frac{\partial y}{\partial v} = \frac{2x}{(x^2 + y^2 + 1)\, \ell n\, 10} \cdot 0 +$$

$$+ \frac{2y}{(x^2 + y^2 + 1)\, \ell n\, 10} \cdot \left(-\frac{1}{v^2}\right) = \frac{-2}{u^3\, \ell n\, 10} \cdot \frac{1}{\dfrac{1}{u^2} + \dfrac{1}{v^2} + 1}$$

Para a diferencial da função composta F, temos, com as mesmas hipóteses da regra da cadeia,

$$dF = \frac{\partial F}{\partial u} \cdot du + \frac{\partial F}{\partial v} \cdot dv$$

EXERCÍCIOS PROPOSTOS

1. Dadas as funções f, g e h, determinar a função F composta de f com g e h, em cada um dos casos seguintes:

1.1 $f(x, y) = 3xy + 4x;$ $\qquad g(u, v) = 2uv;$ $\qquad h(u, v) = -4u$

1.2 $f(x, y) = x^2 + y^2;$ $\qquad g(u, v) = e^{u+v};$ $\qquad h(u, v) = e^{u-v}$

1.3 $f(x, y) = x^2 y - y^2 x;$ $\qquad g(u, v) = ue^v;$ $\qquad h(u, v) = ve^u$

1.4 $f(x, y) = \sqrt{x + y};$ $\qquad g(u, v) = 2uv;$ $\qquad h(u, v) = 3uv^2$

1.5 $f(x, y) = 4x^2 y^3;$ $\qquad g(u, v) = 3u + 4v;$ $\qquad h(u, v) = -3uv$

2. Determinar diretamente as derivadas parciais de cada uma das funções compostas do exercício 1.

3. Utilizando a regra da cadeia, determinar as derivadas parciais das funções compostas do exercício 1 e comparar com os resultados obtidos no exercício 2.

RESPOSTAS

1.

1.1 $F(u, v) = -24u^2 v + 8uv$

1.2 $F(u, v) = e^{2u+2v} + e^{2u-2v}$

1.3 $F(u, v) = u^2 v e^{2v+u} - v^2 ue^{2u+v}$

1.4 $F(u, v) = \sqrt{2uv + 3uv^2}$

1.5 $F(u, v) = -972u^5 v^3 - 2.592u^4 v^4 - 1.728u^3 v^5$

2.

2.1 $\dfrac{\partial F}{\partial u} = -48uv + 8v$; $\dfrac{\partial F}{\partial v} = -24u^2 + 8u$

2.2 $\dfrac{\partial F}{\partial u} = 2e^{2u+2v} + 2e^{2u-2v}$; $\dfrac{\partial F}{\partial v} = 2e^{2u+2v} - 2e^{2u-2v}$

2.3 $\dfrac{\partial F}{\partial u} = e^{2v+u}(2uv + u^2v) - e^{2u+v}(v^2 + 2v^2u)$

$\dfrac{\partial F}{\partial v} = e^{2v+u}(u^2 + 2u^2v) - e^{2u+v}(2vu + v^2u)$

2.4 $\dfrac{\partial F}{\partial u} = \dfrac{2v + 3v^2}{2\sqrt{2uv + 3uv^2}}$; $\dfrac{\partial F}{\partial v} = \dfrac{u + 3uv}{\sqrt{2uv + 3uv^2}}$

2.5 $\dfrac{\partial F}{\partial u} = -4.860u^4v^3 - 10.368u^3v^4 - 5.184u^2v^5$

$\dfrac{\partial F}{\partial v} = -2.916u^5v^2 - 10.368u^4v^3 - 8.640u^3v^4$

3.1.12 Teorema de Euler para Funções Homogêneas

No item relativo a derivadas parciais, tivemos a oportunidade de constatar a identidade

$$x \cdot \dfrac{\partial f}{\partial x}(x,\, y) + y \cdot \dfrac{\partial f}{\partial y}(x,\, y) = mf(x,\, y)$$

onde as funções f eram exemplos de funções homogêneas. Na verdade, este resultado tem caráter geral e constitui o importante Teorema de Euler do qual demonstraremos somente a condição necessária.

Teorema (de Euler para funções homogêneas):

Seja f uma função homogênea de grau m, e derivável em relação a x e a y. Neste caso,

$$\boxed{x \cdot \dfrac{\partial f}{\partial x}(x,\, y) + y \cdot \dfrac{\partial f}{\partial y}(x,\, y) = mf(x,\, y)}$$

Prova (condição necessária):

Se f é homogênea de grau m, temos pela definição:

$$f(\lambda x,\, \lambda y) = \lambda^m \cdot f(x,\, y),^{com} \lambda > 0.$$

Derivando-se ambos os membros em relação a λ, com o auxílio da regra da cadeia, vem:

$$\frac{\partial f}{\partial x}(\lambda x, \lambda y) \cdot \frac{d(\lambda x)}{d\lambda} + \frac{\partial f}{\partial y}(\lambda x, \lambda y) \cdot \frac{d(\lambda y)}{d\lambda} = m\lambda^{m-1} \cdot f(x, y),$$

ou

$$\frac{\partial f}{\partial x}(\lambda x, \lambda y) \cdot x + \frac{\partial f}{\partial y}(\lambda x, \lambda y) \cdot y = m\,\lambda^{m-1} \cdot f(x, y),$$

Fazendo λ = 1, vem o resultado:

$$x \cdot \frac{\partial f}{\partial x}(x, y) + y \cdot \frac{\partial f}{\partial y}(x, y) = m \cdot f(x, y)$$

Aplicação

O teorema de Euler é particularmente útil para a interpretação do desempenho dos fatores numa função de produção homogênea.

Seja $z = P(x, y)$ uma função de produção homogênea de grau $m = 1$. Nas condições do teorema de Euler temos:

$$x \cdot \frac{\partial P}{\partial x}(x, y) + y \cdot \frac{\partial P}{\partial y}(x, y) = P(x, y)$$

A expressão assim obtida mostra a produção $P(x, y)$ como soma das contribuições dos fatores de produção. Estas contribuições, que medem o desempenho destes fatores, aparecem na forma de produto da quantidade do fator pela sua produtividade marginal.

$$\boxed{x \cdot \frac{\partial P}{\partial x}(x, y)} \quad + \quad \boxed{y \cdot \frac{\partial P}{\partial y}(x, y)} = P(x, y)$$

desempenho do fator x desempenho do fator y

132 MATEMÁTICA

3.1.13 Exercícios de Aplicação

1. Dada a função de produção $P = 10C + 4T + \dfrac{T^2}{3C}$

a. Mostrar que a função é homogênea.
b. Calcular a contribuição dos fatores C e T para o produto P.
c. Qual o valor desta combinação ao nível $C = 20$ e $T = 10$?

2. Dada a função da produção $P = 4 \cdot T^{0,4} C^{0,6}$,

a. Mostrar que esta função indica retornos constantes de escala.
b. Calcular a contribuição dos fatores T e C para o produto P.
c. Calcular o valor desta contribuição ao nível $T = 16$, $C = 20$.

3. Mostre, usando a função do exercício anterior $P = 4 \cdot T^{0,4} \cdot C^{0,6}$ que:

a. A relação entre o produto marginal e o produto médio em relação ao fator trabalho (T) é 0,4.
b. A relação entre o produto marginal e o produto médio em relação ao fator capital (C) é 0,6.

4. Suponha $P = 5 \cdot T^{0,5} \cdot C^{0,5}$, a função de produção de uma indústria. Se há competição perfeita nos mercados do produto e dos fatores, nesta indústria, conhecidos os preços dos produtos: 10 para a mão-de-obra, 12 para o capital e 20 para o produto:

a. Calcular a contribuição de cada fator de produção ao nível $T = 80$, $C = 120$.
b. Calcular a relação entre o produto marginal e o produto médio em relação ao fator capital.
c. Para uma restrição orçamentária de 1.000, existe uma combinação de fatores que equilibra a empresa?
d. Para a mesma restrição, existe alguma combinação de fatores que proporcione um lucro de 200?

DERIVADAS PARCIAIS **133**

5. Para a função de produção $P = 8 \cdot T^{0,4} \cdot C^{0,6}$

a. Determine a curva de nível 200 da função $(P = 200)$.

b. Determine o ponto da curva de nível 200 cuja inclinação da reta tangente seja o coeficiente angular da restrição de custo:

$$\text{Custo} = 10T + 16C.$$

c. Representar graficamente a situação apresentada em (a) e (b) e comentar o significado do ponto encontrado em (b).

RESPOSTAS

1.

b. contribuição de T: $\dfrac{2T^2}{3C} + 4T$;   contribuição de C: $10C - \dfrac{T^2}{3C}$

c. contribuição de T: 43,33;   contribuição de C: 198,33

2.

a. $P(\lambda T, \lambda C) = \lambda \cdot P(T, C)$; retorno constante de escala.

b. contribuição de T: $1,6T^{0,4}C^{0,6}$;   contribuição de C: $2,4T^{0,4} \cdot C^{0,6}$

c. contribuição de T: 29,27;   contribuição de C: 43,90

4.

a. contribuição de T: 244,95;   contribuição de C: 244,95

b. 0,5

c. $T = 98,79$; $C = 1,01$

d. $T = 98,24$; $C = 1,47$.

5.

a. $T = 3.125 \cdot e^{-1,5}$ b. $T = 25,99$; $C = 24,36$

c.

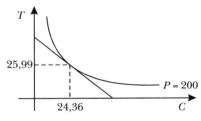

Neste ponto, o produto dado $P = 200$ tem o menor orçamento possível (649,66).

134 MATEMÁTICA

3.1.14 Funções Implícitas

Seja F uma função definida num subconjunto $D \subset R^2$ e consideremos a equação $F(x, y) = 0$. Em determinadas condições, esta equação poderá definir uma função f tal que $y = f(x)$, que recebe o nome de função implícita definida pela equação dada. Estamos interessados principalmente no cálculo da derivada desta função implícita. Pode ocorrer, no entanto, que não seja possível explicitar a função f, conforme mostraremos nos exemplos seguintes. Por isso, teremos de estabelecer uma fórmula especial para o cálculo da derivada da função implícita f.

Exemplos:

1. Consideremos a função F definida no R^2 e tal que $F(x, y) = x^2 - y$. Partindo da equação $F(x, y) = x^2 - y = 0$, podemos explicitar a variável y em termos de x, obtendo assim: $y = x^2$.

Esta igualdade define em R a função f tal que $y = f(x) = x^2$, que é uma função implícita definida pela equação $x^2 - y = 0$.

A derivada de f num ponto x é dada por

$$\frac{dy}{dx}(x) = f'(x) = 2x$$

Por outro lado, consideremos a função G definida em R e tal que:

$$G(x) = F(x, f(x))$$

Pela regra da cadeia temos:

$$(1) \quad G'(x) = \frac{\partial F}{\partial x} + \frac{\partial F}{\partial y}\frac{df}{dx}$$

Considerando que $F(x, y) = 0$ resulta que $G(x) = 0$ e portanto $G'(x) = 0$. Em vista de (1) temos

$$\frac{\partial F}{\partial x} + \frac{\partial F}{\partial y}\frac{df}{dx} = 0,$$

de onde vem:

(2) $\dfrac{df}{dx} = -\dfrac{\dfrac{\partial F}{\partial x}}{\dfrac{\partial F}{\partial y}}$

Como $\dfrac{\partial F}{\partial x} = 2x$ e $\dfrac{\partial F}{\partial y} = -1$, vem, $\dfrac{df}{dx} = -\dfrac{2x}{-1} = 2x$

resultado já obtido diretamente a partir da função f tal que $y = f(x) = x^2$.

2. Seja F a função definida no R^2 e tal que $F(x, y) = 9 - x^2 - y^2$.

A partir da equação $F(x, y) = 9 - x^2 - y^2 = 0$ podemos explicitar a variável y, obtendo assim: $y = \pm\sqrt{9 - x^2}$. Esta igualdade define no intervalo $[-3, 3]$ duas funções tais que

(1) $y = \sqrt{9 - x^2}$, com $y' = \dfrac{-x}{\sqrt{9 - x^2}}$

(2) $y = -\sqrt{9 - x^2}$, com $y' = \dfrac{x}{\sqrt{9 - x^2}}$

As funções (1) e (2) são duas funções implícitas definidas pela equação $9 - x^2 - y^2 = 0$.

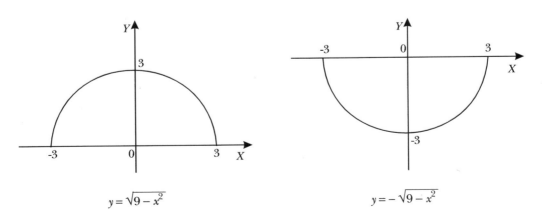

$y = \sqrt{9 - x^2}$ $y = -\sqrt{9 - x^2}$

136 MATEMÁTICA

Derivando (1) e (2) pela mesma regra obtida no exercício anterior, temos, respectivamente,

$$\frac{dy}{dx} = -\frac{\dfrac{\partial F}{\partial x}}{\dfrac{\partial F}{\partial y}} = -\frac{-2x}{-2y} = -\frac{x}{y} = -\frac{x}{\sqrt{9 - x^2}}$$

$$\frac{dy}{dx} = -\frac{\dfrac{\partial F}{\partial x}}{\dfrac{\partial F}{\partial y}} = -\frac{-2x}{-2y} = -\frac{x}{y} = -\frac{x}{-\sqrt{9 - x^2}} = \frac{x}{\sqrt{9 - x^2}}$$

resultados já obtidos a partir das funções $y = \sqrt{9 - x^2}$ e $y = -\sqrt{9 - x^2}$.

3. Seja, agora, F a função definida no conjunto,

$$D = \left\{ (x, y) \in R^2 \mid xy > 0 \right\}$$

e tal que $F(x, y) = \ell n \, (xy) + 2x - 5y + 1$

A equação $F(x, y) = 0$ define uma função implícita f tal que $y = f(x)$, que neste caso não é possível explicitar. Entretanto, calculando a derivada de f num ponto x, pela mesma regra anterior, obtemos:

$$\frac{dy}{dx} = -\frac{\dfrac{\partial F}{\partial x}}{\dfrac{\partial F}{\partial y}} = -\frac{\dfrac{1}{x} + 2}{\dfrac{1}{y} - 5} = -\frac{2xy + y}{x - 5xy} \quad \text{onde}$$

$$xy > 0 \text{ e } y \neq \frac{1}{5}$$

4. De início mencionamos o fato de que a equação $F(x, y) = 0$ poderia ou não definir uma função implícita f, tal que $y = f(x)$. Nos exemplos anteriores as equações $F(x, y) = 0$ levaram a funções implícitas, das quais calculamos inclusive as derivadas. Consideremos agora a função F definida no R^2 e tal que $F(x, y) = x^2 + y^2 + 1$. Não é difícil observar que, neste caso, a equação $F(x, y) = 0$, isto é, $x^2 + y^2 + 1 = 0$ não dá origem a nenhuma função implícita, pois não existe $(x, y) \in R^2$ tal que $F(x, y) = 0$.

De fato, a existência de uma função implícita f definida por uma equação do tipo $F(x, y) = 0$ e tal que $y = f(x)$, bem como a existência de sua derivada num ponto são objeto do seguinte:

DERIVADAS PARCIAIS **137**

Teorema (das funções implícitas):

Se F tiver derivadas contínuas $\dfrac{\partial F}{\partial x}$ e $\dfrac{\partial F}{\partial y}$ num subconjunto D do R^2 e se num ponto (x_0, y_0) do interior de D a equação $F(x_0, y_0) = 0$ for satisfeita sendo $\dfrac{\partial F}{\partial y}(x_0, y_0) \neq 0$, será possível demarcar-se, em torno de (x_0, y_0), um retângulo $x_1 \leq x \leq x_2$, $y_1 \leq y \leq y_2$ no qual a equação $F(x, y) = 0$ define uma só função implícita f tal que $y = f(x)$, sendo f contínua e derivável e com derivada $\dfrac{\mathrm{d}y}{\mathrm{d}x}$ dada por:

$$\frac{\mathrm{d}y}{\mathrm{d}x} = -\frac{\dfrac{\partial F}{\partial x}}{\dfrac{\partial F}{\partial y}}$$

A demonstração deste teorema pode ser vista, por exemplo, em [2].

EXERCÍCIOS PROPOSTOS

Determinar a derivada da função implícita f tal que $y = f(x)$ definida em cada uma das equações seguintes:

1. $y - x^2 = 0$

2. $4y - 2x^3 = 0$

3. $x^2 + 3xy + 4 = 0$

4. $y - xe^y = 0$

5. $\ln(xy) + 3x - 3y = 0$

6. $y^5 - 6xy^4 + 5 = 0$

7. $\ln y + \sqrt{xy} + y = 0$

8. $x^2 - y^2 + 1 = 0$, com $y > 0$

9. $x^2 - y^2 + 1 = 0$, com $y < 0$

10. $x^4 - y + 4xy^3 - 78 = 0$

RESPOSTAS

1. $\dfrac{\mathrm{d}y}{\mathrm{d}x} = 2x$

2. $\dfrac{\mathrm{d}y}{\mathrm{d}x} = \dfrac{3}{2}x^2$

3. $\dfrac{\mathrm{d}y}{\mathrm{d}x} = -\dfrac{2x + 3y}{3x}$

4. $\dfrac{\mathrm{d}y}{\mathrm{d}x} = \dfrac{e^y}{1 - xe^y}$

5. $\dfrac{\mathrm{d}y}{\mathrm{d}x} = \dfrac{y + 3xy}{3xy - x}$

6. $\dfrac{\mathrm{d}y}{\mathrm{d}x} = \dfrac{6y}{5y - 24x}$

7. $\dfrac{\mathrm{d}y}{\mathrm{d}x} = \dfrac{-y}{2\sqrt{xy}}\left(\dfrac{1}{y} + \dfrac{x}{2\sqrt{xy}} + 1\right)^{-1}$

8. $\dfrac{\mathrm{d}y}{\mathrm{d}x} = \dfrac{x}{\sqrt{1 + x^2}}$

9. $\dfrac{\mathrm{d}y}{\mathrm{d}x} = -\dfrac{x}{\sqrt{1 + x^2}}$

10. $\dfrac{\mathrm{d}y}{\mathrm{d}x} = -\dfrac{4x^3 + 4y^3}{12xy^2 - 1}$

138 MATEMÁTICA

3.2 EXTENSÃO PARA O CASO DE VÁRIAS VARIÁVEIS

Os conceitos estudados no item anterior se estendem de modo natural para as funções de mais de duas variáveis.

3.2.1 Derivadas Parciais

Se f é uma função de n variáveis $x_1, x_2, ..., x_n,$ a derivada parcial de f em relação à variável x_j num ponto $(a_1, a_2, ..., a_n)$ é dada pelo limite:

$$\lim_{\Delta x_j \to 0} \frac{f(a_1, a_2, ..., a_{j-1}, a_j + \Delta x_j, a_{j+1}, ..., a_n) - f(a_1, a_2, ..., a_n)}{\Delta x_j}$$

quando este limite for finito.

Como no caso das funções de duas variáveis, a derivada parcial de f em relação à variável x_j no ponto $(a_1, a_2, ..., a_n)$ será indicada, ainda, por uma das notações:

$$\frac{\partial f}{\partial x_j}(a_1, a_2, ..., a_n) \quad \text{ou} \quad \frac{\partial z}{\partial x_j}(a_1, a_2, ..., a_n), \quad \text{ou} \quad z_{x_j}$$

As funções derivadas parciais $\dfrac{\partial f}{\partial x_j}, j = 1, 2, ..., n,$ bem como as derivadas parciais de segunda ordem

$$\frac{\partial^2 f}{\partial x_i \, \partial x_j}, \, i = 1, 2, ..., n, j = 1, 2, ..., n,$$

são definidas e calculadas como no caso das funções de duas variáveis, como mostram os exemplos seguintes.

Exemplos:

1. Se $w = x^2 + y^2 + z^2$ temos:

$$\frac{\partial w}{\partial x} = 2x \,; \quad \frac{\partial w}{\partial y} = 2y \,; \quad \frac{\partial w}{\partial z} = 2z$$

$$\frac{\partial^2 w}{\partial x^2} = 2 \,; \quad \frac{\partial^2 w}{\partial y^2} = 2 \,; \quad \frac{\partial^2 w}{\partial z^2} = 2$$

$$\frac{\partial^2 w}{\partial x \, \partial y} = 0 \,; \quad \frac{\partial^2 w}{\partial x \, \partial z} = 0 \,; \quad \frac{\partial^2 w}{\partial y \partial z} = 0$$

DERIVADAS PARCIAIS **139**

2. Se $w = xyz$, temos:

$$\frac{\partial w}{\partial x} = yz; \quad \frac{\partial w}{\partial y} = xz; \quad \frac{\partial w}{\partial z} = xy$$

$$\frac{\partial^2 w}{\partial x^2} = 0; \quad \frac{\partial^2 w}{\partial y^2} = 0; \quad \frac{\partial^2 w}{\partial z^2} = 0$$

$$\frac{\partial^2 w}{\partial x \, \partial y} = z; \quad \frac{\partial^2 w}{\partial x \, \partial z} = y; \quad \frac{\partial^2 w}{\partial y \, \partial z} = x$$

3. Se $w = \dfrac{x}{y} + \dfrac{1}{z}$, temos:

$$\frac{\partial w}{\partial x} = \frac{1}{y}; \quad \frac{\partial w}{\partial y} = -\frac{x}{y^2}; \quad \frac{\partial w}{\partial z} = -\frac{1}{z^2}$$

$$\frac{\partial^2 w}{\partial x^2} = 0; \quad \frac{\partial^2 w}{\partial y^2} = \frac{2x}{y^3}; \quad \frac{\partial^2 w}{\partial z^2} = \frac{2}{z^3}$$

$$\frac{\partial^2 w}{\partial x \, \partial y} = -\frac{1}{y^2}; \quad \frac{\partial^2 w}{\partial x \, \partial z} = 0; \quad \frac{\partial^2 w}{\partial y \, \partial z} = 0$$

4. Se $w = t^2 + 2st + s^3 + x^2$, temos:

$$\frac{\partial w}{\partial t} = 2t + 2s; \quad \frac{\partial w}{\partial s} = 2t + 3s^2; \quad \frac{\partial w}{\partial x} = 2x$$

$$\frac{\partial^2 w}{\partial t^2} = 2; \quad \frac{\partial^2 w}{\partial s^2} = 6s; \quad \frac{\partial^2 w}{\partial x^2} = 2$$

$$\frac{\partial^2 w}{\partial t \, \partial x} = 0; \quad \frac{\partial^2 w}{\partial t \, \partial s} = 2; \quad \frac{\partial^2 w}{\partial s \, \partial x} = 0$$

5. Se $z = x_1 x_2 - 2x_3 x_4$, temos:

$$\frac{\partial z}{\partial x_1} = x_2; \quad \frac{\partial z}{\partial x_2} = x_1; \quad \frac{\partial z}{\partial x_3} = -2x_4; \quad \frac{\partial z}{\partial x_4} = -2x_3$$

$$\frac{\partial^2 z}{\partial x_1^2} = 0; \quad \frac{\partial^2 z}{\partial x_2^2} = 0; \quad \frac{\partial^2 z}{\partial x_3^2} = 0; \quad \frac{\partial^2 z}{\partial x_4^2} = 0$$

$$\frac{\partial^2 z}{\partial x_1 \partial x_2} = 1; \quad \frac{\partial^2 z}{\partial x_1 \partial x_3} = 0; \quad \frac{\partial^2 z}{\partial x_1 \partial x_4} = 0$$

$$\frac{\partial^2 z}{\partial x_3 \partial x_4} = -2; \quad \frac{\partial^2 z}{\partial x_2 \partial x_3} = 0$$

140 MATEMÁTICA

6. Se $w = xy\, e^{-z}$, temos:

$$\frac{\partial w}{\partial x} = y\, e^{-z} \; ; \quad \frac{\partial w}{\partial y} = x\, e^{-z} \; ; \quad \frac{\partial w}{\partial z} = -\, xy\, e^{-z}$$

$$\frac{\partial w}{\partial x\, \partial y} = e^{-z} \; ; \quad \frac{\partial^2 w}{\partial x\, \partial z} = -\, y\, e^{-z}$$

7. Se $p = 2q_1 q_2 - q_2^2 q_1 + 2q_3 + q_2 q_4^2$, temos:

$$\frac{\partial P}{\partial q_1} = 2q_2 - q_2^2 \; ; \quad \frac{\partial P}{\partial q_2} = 2q_1 - 2q_2 q_1 - q_4^2$$

$$\frac{\partial^2 P}{\partial q_1^2} = 0 \; ; \quad \frac{\partial^2 P}{\partial q_2^2} = -\, 2q_1$$

$$\frac{\partial P}{\partial q_4} = -\, 2q_2 q_4 \; ; \quad \frac{\partial P}{\partial q_2 \partial q_4} = -\, 2q_4$$

8. Se $y = x_1^2 + 2x_1 x_2 - x_3^2 + 4x_3 x_4 x_5$, temos:

$$\frac{\partial y}{\partial x_2} = 2x_1 \; ; \quad \frac{\partial y}{\partial x_4} = 4x_3 x_5 \; ; \quad \frac{\partial y}{\partial x_5} = 4x_3 x_4$$

$$\frac{\partial^2 y}{\partial x_2^2} = 0 \; ; \quad \frac{\partial^2 y}{\partial x_3 \partial x_4} = 4x_5 \; ; \quad \frac{\partial^2 y}{\partial x_4 \partial x_5} = 4x_3$$

Observação: Se f é uma função de três variáveis, a matriz

$$D = \begin{bmatrix} \dfrac{\partial^2 f}{\partial x^2}(x_0, y_0, z_0) & \dfrac{\partial^2 f}{\partial y \partial x}(x_0, y_0, z_0) & \dfrac{\partial^2 f}{\partial z \partial x}(x_0, y_0, z_0) \\[2.5ex] \dfrac{\partial^2 f}{\partial x \partial y}(x_0, y_0, z_0) & \dfrac{\partial^2 f}{\partial y^2}(x_0, y_0, z_0) & \dfrac{\partial^2 f}{\partial z \partial y}(x_0, y_0, z_0) \\[2.5ex] \dfrac{\partial^2 f}{\partial x \partial z}(x_0, y_0, z_0) & \dfrac{\partial^2 f}{\partial y \partial z}(x_0, y_0, z_0) & \dfrac{\partial^2 f}{\partial z^2}(x_0, y_0, z_0) \end{bmatrix}$$

recebe o nome de matriz das derivadas segundas de f, no ponto (x_0, y_0, z_0).

DERIVADAS PARCIAIS **141**

Assim, se $w = 2xy^2 + 4xz - yz + x^2yz$, temos:

$$\frac{\partial w}{\partial x} = 2y^2 + 4z + 2xyz; \qquad\qquad \frac{\partial^2 w}{\partial x^2} = 2yz$$

$$\frac{\partial w}{\partial y} = 4xy - z + x^2z; \qquad\qquad \frac{\partial^2 w}{\partial y^2} = 4x$$

$$\frac{\partial w}{\partial z} = 4x - y + x^2y; \qquad\qquad \frac{\partial^2 w}{\partial z^2} = 0$$

$$\frac{\partial^2 w}{\partial y\,\partial x} = 4y + 2xz; \qquad\qquad \frac{\partial^2 w}{\partial z\,\partial x} = 4 + 2xy$$

$$\frac{\partial^2 w}{\partial x\,\partial y} = 4y + 2xz; \qquad\qquad \frac{\partial^2 w}{\partial z\,\partial y} = -1 + x^2$$

$$\frac{\partial^2 w}{\partial x\,\partial z} = 4 + 2xy; \qquad\qquad \frac{\partial^2 w}{\partial y\,\partial z} = -1 + x^2$$

Temos, em particular, no ponto $(1, 1, 1)$:

$$\frac{\partial^2 w}{\partial x^2} = 2 \; ; \quad \frac{\partial^2 w}{\partial y^2} = 4 \; ; \quad \frac{\partial^2 w}{\partial z^2} = 0$$

$$\frac{\partial^2 w}{\partial y\,\partial x} = \frac{\partial^2 w}{\partial x\,\partial y} = 6 \; ; \quad \frac{\partial^2 w}{\partial z\,\partial x} = \frac{\partial^2 w}{\partial x\,\partial z} = 6 \; ; \quad \frac{\partial^2 w}{\partial z\,\partial y} = \frac{\partial^2 w}{\partial y\,\partial z} = 0$$

$$D = \begin{bmatrix} 2 & 6 & 6 \\ 6 & 4 & 0 \\ 6 & 0 & 0 \end{bmatrix}$$

EXERCÍCIOS PROPOSTOS

1.   Se $w = 3x^2y + 4xz^2 - 3xy$, calcular:

$$\frac{\partial w}{\partial x} \; ; \quad \frac{\partial^2 w}{\partial x\,\partial z} \; ; \quad \frac{\partial^2 w}{\partial y^2}$$

2.   Se $w = xy^2z$, calcular:

$$\frac{\partial w}{\partial y} \; ; \quad \frac{\partial^2 w}{\partial x^2} \; ; \quad \frac{\partial^2 w}{\partial z\,\partial y}$$

142 MATEMÁTICA

3. Se $w = x^2 + 3xy - 5yz + 4xyt$, calcular:

$$\frac{\partial w}{\partial t} \; ; \; \frac{\partial^2 w}{\partial x\, \partial t} \; ; \; \frac{\partial^2 w}{\partial t\, \partial y}$$

4. Se $w = \ell n\,(x + y + 5z - 1)$, calcular:

$$\frac{\partial w}{\partial z} \; ; \; \frac{\partial^2 w}{\partial z^2} \; ; \; \frac{\partial^2 w}{\partial x\, \partial z}$$

5. Se $w = e^{-sxt^2}$, calcular:

$$\frac{\partial w}{\partial s} \; ; \; \frac{\partial^2 w}{\partial t^2} \; ; \; \frac{\partial^2 w}{\partial t\, \partial s}$$

6. Se $w = x^{0,2} y^{0,7} t^{0,1}$, calcular:

$$\frac{\partial w}{\partial y} \; ; \; \frac{\partial^2 w}{\partial t^2} \; ; \; \frac{\partial^2 w}{\partial x^2}$$

7. Se $P = q_1^2 - 2q_1 q_2 + q_1 q_4 + 5$, calcular:

$$\frac{\partial P}{\partial q_1} \; ; \; \frac{\partial^2 P}{\partial q_1 \partial q_4} \; ; \; \frac{\partial^2 P}{\partial q_4^2}$$

8. Se $w = xyz$, mostrar que:

$$x \cdot \frac{\partial w}{\partial x} + y \cdot \frac{\partial w}{\partial y} + z \cdot \frac{\partial w}{\partial z} = 3w$$

9. Se $w = s^2 t + t^3 + s^3$, mostrar que:

$$s \cdot \frac{\partial w}{\partial s} + t \cdot \frac{\partial w}{\partial t} = 3w$$

10. Calcular a matriz das derivadas segundas da função $w = x^2 + 2xy + y^2 t$ no ponto $(0, 1, -1)$.

11. Calcular a matriz das derivadas segundas da função $w = x^3 + y^3 + z^3$ no ponto $(1, 2, 3)$.

RESPOSTAS

1. $\dfrac{\partial w}{\partial x} = 6xy + 4z^2 - 3y$; $\dfrac{\partial^2 w}{\partial x \partial z} = 8z$; $\dfrac{\partial^2 w}{\partial y^2} = 0$

2. $\dfrac{\partial w}{\partial y} = 2xyz$; $\dfrac{\partial^2 w}{\partial x^2} = 0$; $\dfrac{\partial^2 w}{\partial z\, \partial y} = 2xy$

DERIVADAS PARCIAIS   **143**

3. $\dfrac{\partial w}{\partial t} = 4xy$; $\dfrac{\partial^2 w}{\partial x \partial t} = 4y$; $\dfrac{\partial^2 w}{\partial t \partial y} = 4x$

4. $\dfrac{\partial w}{\partial z} = \dfrac{5}{x + y + 5z - 1}$; $\dfrac{\partial^2 w}{\partial z^2} = \dfrac{-25}{(x + y + 5z - 1)^2}$; $\dfrac{\partial^2 w}{\partial x \partial z} = \dfrac{-5}{(x + y + 5z - 1)^2}$

5. $\dfrac{\partial w}{\partial z} = -xt^2 e^{-sxt^2}$; $\dfrac{\partial^2 w}{\partial t^2} = e^{sxt^2} [4s^2 x^2 t^2 - 2sx]$; $\dfrac{\partial^2 w}{\partial t \partial s} = e^{-sxt^2} [2x^2 st^3 - 2xt]$

6. $\dfrac{\partial w}{\partial y} = 0{,}7 x^{0,2} y^{-0,3} t^{0,1}$; $\dfrac{\partial w}{\partial t^2} = -0{,}09 x^{0,2} y^{0,7} t^{-1,9}$; $\dfrac{\partial^2 w}{\partial x^2} = -0{,}16 x^{-1,8} y^{0,7} t^{0,1}$

7. $\dfrac{\partial P}{\partial q_1} = 2q_1 - 2q_2 + q_4$; $\dfrac{\partial^2 P}{\partial q_1 \partial q_4} = 1$; $\dfrac{\partial^2 P}{\partial q_4^2} = 0$

10. $D = \begin{bmatrix} 2 & 2 & 0 \\ 2 & -2 & 2 \\ 0 & 2 & 0 \end{bmatrix}$

11. $D = \begin{bmatrix} 6 & 0 & 0 \\ 0 & 12 & 0 \\ 0 & 0 & 18 \end{bmatrix}$

3.2.2 Funções Diferenciáveis

Seja f uma função das variáveis $x_1, x_2, ..., x_n$.

Diremos que f é diferenciável num ponto $(a_1, a_1, ..., a_n)$ se para pequenos valores de $\Delta x_1, \Delta x_2, ..., \Delta x_n$,

$$\Delta z = f(a_1 + \Delta x_1, a_2 + \Delta x_2, ..., a_n + \Delta x_n) - f(a_1, a_2, ..., a_n) =$$

$$= \sum_{i=1}^{n} \frac{\partial f}{\partial x_i} (a_1, a_2, ..., a_n) \Delta x_i + \sum_{i=1}^{n} N_i (\Delta x_1, \Delta x_2, ..., \Delta x_n) \Delta x_i$$

onde as funções $N_1, N_2, ..., N_n$ têm limite zero no ponto $(\Delta x_1, \Delta x_2, ..., \Delta x_n) = (0, 0, ..., 0)$.

Neste caso a diferencial de f no ponto $(a_1, a_2, ..., a_n)$ é a função df definida no R^n, tal que:

$$df(\Delta x_1, \Delta x_2, ..., \Delta x_n) = \sum_{i=1}^{n} \frac{\partial f}{\partial x_i} (a_1, a_2, ..., a_n) \Delta x_i$$

144 MATEMÁTICA

EXERCÍCIOS PROPOSTOS

1. Calcular a diferencial de cada uma das funções seguintes, num ponto genérico do respectivo domínio:

1.1 $w = x^2 + y^2 + z^2$

1.2 $w = xyz$

1.3 $w = x^3 y - z^2 + 4$

1.4 $w = \ln(xyz)$

1.5 $w = xe^{y-z}$

1.6 $w = x_1 x_2 - 3x_2 x_3 + x_4$

1.7 $w = x_1^2 - 2x_2^2 + x_3^3 - x_4 x_5$

2. Justificar a seguinte afirmação:

Se $w = f(x, y, z)$ é uma função diferenciável num ponto (x, y, z), então para pequenos valores de $\Delta x, \Delta y$ e Δz podemos escrever:

$\Delta w = f(x + \Delta x, y + \Delta y, z + \Delta z) - f(x, y, z) \cong df(\Delta x, \Delta y, \Delta z)$, onde df é a diferencial de f, no ponto (x, y, z).

RESPOSTAS

1.1 $dw = 2x\Delta x + 2y\Delta y + 2z\,\Delta z$

1.2 $dw = yz\Delta x + xz\Delta y + xy\Delta z$

1.3 $dw = 3x^2 y \cdot \Delta x + x^3 \Delta y - 2z\Delta z$

1.4 $dw = \dfrac{\Delta x}{x} + \dfrac{\Delta y}{y} + \dfrac{\Delta z}{z}$

1.5 $dw = e^{y-z} \cdot \Delta x + xe^{y-z} \cdot \Delta y - xe^{y-z} \cdot \Delta z$

1.6 $dw = x_2\Delta x_1 + (x_1 - 3x_3)\,\Delta x_2 - 3x_2 \cdot \Delta x_3 + \Delta x_4$

1.7 $dw = 2x_1\Delta x_1 - 4x_2\Delta x_2 + 3x_3^2\Delta x_3 - x_5\Delta x_4 - x_4\Delta x_5$

3.2.3 Funções compostas: Regra da Cadeia

Seja f uma função das variáveis $x_1, x_2, ..., x_n$ e consideremos a função composta:

$$F(t) = f(g_1(t), g_2(t), ..., g_n(t))$$

DERIVADAS PARCIAIS **145**

Se $g_1, g_2, ..., g_n$ são funções deriváveis num ponto t e se f é diferenciável no ponto $(x_1, x_2, ..., x_n) = (g_1(t), g_2(t) ..., g_n(t))$, então, F é derivável em t e:

$$\frac{\mathrm{d}F}{\mathrm{d}t} = \sum_{i=1}^{n} \frac{\partial f}{\partial x_i} \frac{\mathrm{d}g_i}{\mathrm{d}t}$$

onde $\dfrac{\mathrm{d}F}{\mathrm{d}t}$ e $\dfrac{\mathrm{d}g_i}{\mathrm{d}t}$ são calculadas no ponto t e $\dfrac{\partial f}{\partial x_i}$ no ponto $(g_1(t), g_2(t), ..., g_n(t))$

Para a função composta

$$F(t_1, t_2, ..., t_m) = f[g_1(t_1, t_2, ..., t_m), g_2(t_1, t_2, ..., t_m), ..., g_n(t_1, t_2, ..., t_m)]$$

temos:

$$\frac{\partial F}{\partial t_1} = \sum_{i=1}^{n} \frac{\partial f}{\partial x_i} \cdot \frac{\partial g_i}{\partial t_1}$$

$$\frac{\partial F}{\partial t_2} = \sum_{i=1}^{n} \frac{\partial f}{\partial x_i} \cdot \frac{\partial g_i}{\partial t_2}$$

$$\cdots\cdots\cdots\cdots$$

$$\frac{\partial F}{\partial t_m} = \sum_{i=1}^{n} \frac{\partial f}{\partial x_i} \frac{\partial g_i}{\partial t_m}$$

com as seguintes hipóteses: g_i é diferenciável no ponto $(t_1, t_2, ..., t_m)$, $i = 1, ..., n$ e f é diferenciável no ponto $(g_1(t_1, t_2, ..., t_m), ..., g_n(t_1, t_2, ..., t_m))$.

Nas expressões acima, as derivadas $\dfrac{\partial F}{\partial t_i}$ e $\dfrac{\partial g_i}{\partial t_i}$ são calculadas no ponto $(t_1, t_2, ..., t_m)$ e $\dfrac{\partial f}{\partial x_i}$ no ponto $(g_1(t_1, ..., t_m), ..., g_n(t_1, ..., t_m))$.

EXERCÍCIOS PROPOSTOS

1. Em cada um dos casos seguintes, calcular $\dfrac{\mathrm{d}F}{\mathrm{d}t}$, sendo $F(t) = f(g_1(t), g_2(t), ..., g_n(t))$, nos pontos indicados.

1.1 $f(x, y, z) = xy + z^2 + 4$; $g_1(t) = 3t^2$; $g_2(t) = 2t + 4$;
$g_3(t) = 2t^2 + 3t + 1$; $t = 0$.

146 MATEMÁTICA

1.2 $f(x, y, z) = xye^{1-z^2}$; $g_1(t) = e^t$; $g_2(t) = \ln t$;

$g_3(t) = e^t - e^{-t}$; $t = 1$

1.3 $f(x, y, z) = \sqrt{x^2 + y^2 + z^2}$; $g_1(t) = (t^2 - 1)^2$; $g_2(t) = t^3$;

$g_3(t) = 1 - t^4$; $t = 2$

1.4 $f(x_1, x_2, x_3, x_4) = x_1 e^{x_2} - 2x_3 x_4$; $g_1(t) = 2t^2$; $g_2(t) = e^{-t}$;

$g_3(t) = 1 - t^3$; $g_4(t) = 2t^5$; $t = 0$

1.5 $f(x_1, x_2, x_3, x_4, x_5) = x_1^2 - 2x_1 x_2 + x_3^3 + x_4 x_5$; $g_1(t) = 2t$;

$g_2(t) = 1 - t^2$; $g_3(t) = t^2 + t + 1$; $g_4(t) = t^3$; $g_5(t) = \dfrac{1}{2} t$, $t = 0$

2. Se $f(x, y, z) = xyz$ e $g_1(t_1, t_2) = t_1 \cdot t_2$; $g_2(t_1, t_2) = t_1^2 + t_2^2$; $g_3(t_1, t_2) = t_1^3 + 2t_2$, calcular $\dfrac{\partial F}{\partial t_1}$ sendo

$$F(t_1, t_2) = f(g_1(t_1, t_2), g_2(t_1, t_2), g_3(t_1, t_2))$$

3. Sendo $f(x_1, x_2, x_3, x_4) = x_1 e^{x_2} - 2x_3 x_4$ e $g_1(t_1, t_2) = t_1$, $g_2(t_1, t_2) = t_2$, $g_3(t_1, t_2) = 2t_1 t_2$, $g_4(t_1, t_2) = t_1 - t_2$, calcular $\dfrac{\partial F}{\partial t_2}$ sendo

$$F(t_1, t_2) = f(g_1(t_1, t_2), g_2(t_1, t_2), g_3(t_1, t_2), g_4(t_1, t_2))$$

4. Sendo $f(x, y, z) = x^2 - 2xy + z^2$ e $g_1(t) = 2t^2$, $g_2(t) = e^{-t}$, $g_3(t) = t^2 - t^3$, calcular a diferencial da função F no ponto $t = 0$, sendo $F(t) = f(g_1(t), g_2(t), g_3(t))$

5. Sendo $f(x, y, z) = xe^y - z$ e $g_1(t_1, t_2) = e^{t_2}$, $g_2(t_1, t_2) = e^{-t_1}$, $g_3(t_1, t_2) = 2t_1 e^{t_2}$, calcular a diferencial da função F no ponto $(0, 0)$ sendo $F(t_1, t_2) = f(g_1(t_1, t_2), g_2(t_1, t_2), g_3(t_1, t_2))$

RESPOSTAS ———————————————————————————

1.

1.1 $\dfrac{dF}{dt} = 6$

1.2 $\dfrac{dF}{dt} = e^{2 - (e - 1/e)^2}$

1.3 $\quad \dfrac{\mathrm{d}F}{\mathrm{d}t} = \dfrac{792}{\sqrt{370}}$

1.4 $\quad \dfrac{\mathrm{d}F}{\mathrm{d}t} = 0$

1.5 $\quad \dfrac{\mathrm{d}F}{\mathrm{d}t} = -1$

2. $\quad \dfrac{\partial F}{\partial t_1} = 6t_1^5 t_2 + 6t_1^2 t_2^2 + 4t_1^3 t_2^3 + 2t_2^4$

3. $\quad \dfrac{\partial F}{\partial t_2} = t_1 e^{t_2} - 4t_1^2 + 8t_1 t_2$

4. $\quad \dfrac{\mathrm{d}F}{\mathrm{d}t} = 0$

5. $\quad \mathrm{d}F = (-e - 2)\,\Delta t_1 + e\,\Delta t_2$

3.2.4 Funções Implícitas

Consideremos a equação $z^2 - x^2 - y^2 = 0$. Partindo desta equação podemos explicitar a variável z em termos de x e y. De fato, temos:

$$z^2 = x^2 + y^2, \text{ de onde vem } z = \pm \sqrt{x^2 + y^2}$$

As funções f e g definidas no R^2 e dadas, respectivamente, por $z = \sqrt{x^2 + y^2}$ e $z = -\sqrt{x^2 + y^2}$ são funções implícitas definidas pela equação $z^2 - x^2 - y^2 = 0$.

Examinando a função f dada por $z = \sqrt{x^2 + y^2}$ no que se refere as suas derivadas parciais, podemos escrever

$$\frac{\partial z}{\partial x} = \frac{x}{\sqrt{x^2 + y^2}}, \quad \frac{\partial z}{\partial y} = \frac{y}{\sqrt{x^2 + y^2}}$$

onde $(x, y) \neq (0, 0)$.

Não tivemos nenhuma dificuldade para calcular as derivadas parciais da função implícita f definida pela equação $F(x,y,z) = z^2 - x^2 - y^2 = 0$, pois, neste caso, conseguimos explicitar a expressão que define f a partir da equação dada, o que nem sempre é possível. Por isto, como no caso das funções implícitas definidas por equações do tipo $F(x, y) = 0$, precisamos também de fórmulas que nos permitam calcular as derivadas parciais das funções implícitas definidas por equações do tipo $F(x, y, z) = 0$.

148 MATEMÁTICA

No caso do exemplo podemos obter facilmente tais fórmulas. De fato, consideremos a função G definida no R^2 e tal que $G(x, y) = F(x, y), f(x, y))$. Usando a regra da cadeia vem:

$$\frac{\partial G}{\partial x} = \frac{\partial F}{\partial x} + \frac{\partial F}{\partial y}\frac{dy}{dx} + \frac{\partial F}{\partial z}\frac{\partial f}{\partial x} = \frac{\partial F}{\partial x} + \frac{\partial F}{\partial z}\frac{\partial f}{\partial x}$$

$$\frac{\partial G}{\partial y} = \frac{\partial F}{\partial x}\frac{dx}{dy} + \frac{\partial F}{\partial y} + \frac{\partial F}{\partial z}\frac{\partial f}{\partial y} = \frac{\partial F}{\partial y} + \frac{\partial F}{\partial z}\frac{\partial f}{\partial y}$$

Por outro lado, para todo $(x, y) \in R^2$ temos $G(x, y) = 0$; logo,

$$\frac{\partial G}{\partial x} = 0 \quad e \quad \frac{\partial G}{\partial y} = 0$$

Obtemos então:

$$\frac{\partial F}{\partial x} + \frac{\partial F}{\partial z}\frac{\partial f}{\partial x} = 0 \quad e \quad \frac{\partial F}{\partial y} + \frac{\partial F}{\partial z}\frac{\partial f}{\partial y} = 0$$

de onde vem:

$$\boxed{\frac{\partial f}{\partial x} = -\frac{\dfrac{\partial F}{\partial x}}{\dfrac{\partial F}{\partial z}}} \qquad e \qquad \boxed{\frac{\partial f}{\partial y} = -\frac{\dfrac{\partial F}{\partial y}}{\dfrac{\partial F}{\partial z}}}$$

fórmulas que nos permitem calcular as derivadas parciais de f, no caso, em todo ponto $(x, y) \in R^2$ com $(x, y) \neq (0, 0)$.

Na verdade, com hipóteses semelhantes às mencionadas no enunciado do teorema das funções implícitas (caso de 2 variáveis) é possível obter as seguintes fórmulas para o cálculo das derivadas parciais da função implícita f tal que $z = f(x_1, x_2, ..., x_n)$, definida por uma equação do tipo $F(x_1, x_2, ..., x_n, z) = 0$:

$$\boxed{\frac{\partial z}{\partial x_i} = -\frac{\dfrac{\partial F}{\partial x_i}}{\dfrac{\partial F}{\partial z}}}, \quad i = 1, 2, ..., n.$$

DERIVADAS PARCIAIS **149**

EXERCÍCIOS PROPOSTOS

Nos exercícios seguintes, as derivadas parciais devem ser calculadas pela regra de derivação das funções implícitas.

1. Se $x^2 - y^2 + z = 0$, calcular $\dfrac{\partial z}{\partial x}$ e $\dfrac{\partial z}{\partial y}$

2. Se $x^3 - yx + 4xz - 5 = 0$, calcular $\dfrac{\partial z}{\partial x}$ e $\dfrac{\partial z}{\partial y}$

3. Se $xy + z\,e^z = 0$, calcular $\dfrac{\partial z}{\partial x}$ e $\dfrac{\partial z}{\partial y}$

4. Se $2xz + \ln(1 + 2z) = 0$, calcular $\dfrac{\partial z}{\partial x}$ e $\dfrac{\partial z}{\partial y}$

5. Se $x_1^{\,2} + 2x_1 x_3 - 4x_2 x_4 = 0$, calcular $\dfrac{\partial x_4}{\partial x_2}$

RESPOSTAS

1. $\dfrac{\partial z}{\partial x} = -2x$; $\quad \dfrac{\partial z}{\partial y} = 2y$

2. $\dfrac{\partial z}{\partial x} = -\dfrac{3x^2 - y + 4z}{4x}$; $\quad \dfrac{\partial z}{\partial y} = \dfrac{1}{4}$

3. $\dfrac{\partial z}{\partial x} = -\dfrac{y}{e^z + ze^z}$; $\quad \dfrac{\partial z}{\partial y} = -\dfrac{x}{e^z + ze^z}$

4. $\dfrac{\partial z}{\partial x} = -\dfrac{z + 2z^2}{x + 2xz + 1}$; $\quad \dfrac{\partial z}{\partial y} = 0$

5. $\dfrac{\partial x_4}{\partial x_2} = -\dfrac{x_4}{x_2}$

MÁXIMOS E MÍNIMOS

4.1 DEFINIÇÕES E EXEMPLOS

Seja f uma função definida num subconjunto D do R^2 e (a, b) um ponto de D.

Diremos que (a, b) é um *ponto de máximo* (P.M.) da função f em D quando existir um círculo V centrado em (a, b) tal que

$$f(a, b) \geq f(x, y)$$

para todo $(x, y) \in D \cap V$. Neste caso, o número $f(a, b)$ constitui um valor *máximo da função* f em D.

Nas mesmas condições, se

$$f(a, b) \leq f(x, y)$$

diremos que (a, b) é um *ponto de mínimo* (P.m.) *de* f em D e que o número $f(a, b)$ constitui um *valor mínimo da função* f em D.

A Figura 4.1 ilustra a situação.

As definições anteriores exigem que as desigualdades $f(a, b) \geq f(x, y)$ e $f(a, b) \leq (x, y)$ sejam verificadas somente numa vizinhança do ponto (a, b).

Por este motivo, diremos também que (a, b) é um *ponto de máximo ou um ponto de mínimo relativo ou local* e que $f(a, b)$ é um *valor máximo ou mínimo relativo ou local*.

Por outro lado, se

$$f(a, b) \geq f(x, y)$$

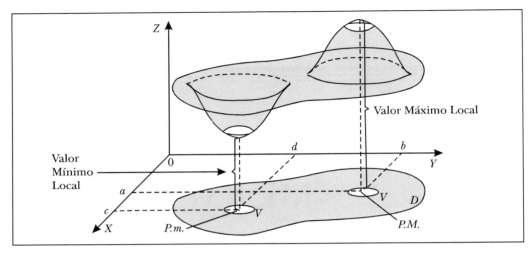

Figura 4.1

para todo $(x, y) \in D$ diremos que (a, b) é um *ponto de máximo absoluto* (*P.M.A.*) de f em D, e que o número $f(a, b)$ é o *máximo absoluto* de f.

Da mesma forma, se

$$f(a, b) \leq f(x, y)$$

para todo $(x, y) \in D$, diremos que (a, b) é um *ponto de mínimo absoluto* (*P.m.A.*) de f, e que $f(a, b)$ é o *mínimo absoluto da função* f.

Nas figuras seguintes, o ponto (a, b) é um ponto de máximo absoluto enquanto que (c, d) é um ponto de mínimo absoluto.

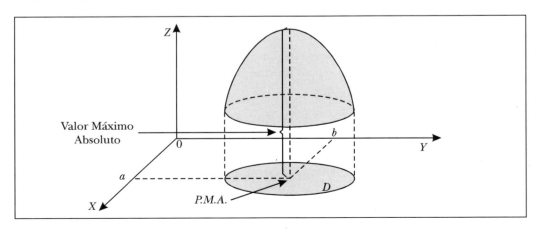

Figura 4.2

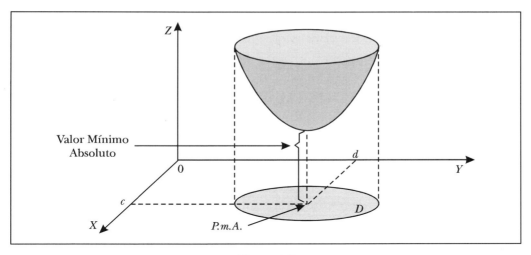

Figura 4.3

Exemplos:

1. Consideremos a função f definida no R^2 e tal que $f(x, y) = x^2 + y^2$. O ponto $(0, 0)$ é ponto de mínimo de f. De fato, se V é um círculo com centro na origem e de raio 1, temos:

$$f(x, y) \geq f(0, 0)$$

para todo $(x, y) \in V$, pois, $f(x, y) = x^2 + y^2$ e $f(0, 0) = 0$

Neste exemplo, o raio do círculo V poderá ser qualquer, pois a desigualdade $f(x, y) \geq f(0, 0)$ é válida qualquer que seja $(x, y) \in R^2$.

Resulta, então, que $(0, 0)$ é um ponto de mínimo absoluto da função f.

2. Seja a função f definida no R^2 e tal que $f(x, y) = -x^2 - y^2$. O ponto $(0, 0)$ é um ponto de máximo absoluto de f, pois, como $f(x, y) = -x^2 - y^2$ e $f(0, 0) = 0$ resulta que $f(x, y) \geq f(0, 0)$, para todo $(x, y) \in R^2$.

3. Seja agora a função f definida no R^2 e tal que $f(x, y) = xy$. O ponto $(0, 0)$ não é ponto de máximo nem ponto de mínimo de f. De fato, se V é um círculo qualquer com centro na origem, temos:

a. $f(x, y) \geq f(0, 0) = 0$ se (x, y) é um ponto de V situado no primeiro quadrante, pois, neste caso, $f(x, y) = xy \geq 0$;

b. $f(x, y) \leq f(0, 0) = 0$ se (x, y) é um ponto de V situado no segundo quadrante, pois, neste caso, $xy \leq 0$.

154 MATEMÁTICA

Em conseqüência, não existe um círculo V centrado em $(0, 0)$ e tal que $f(x, y) \geq f(0, 0)$ ou $f(x, y) \leq f(0, 0)$ se verifique qualquer que seja $(x, y) \in V$.

4.2 DETERMINAÇÃO DOS PONTOS DE MÁXIMO OU DE MÍNIMO LOCAIS

As definições dadas no item anterior nos permitem verificar se um ponto (a, b) do domínio da função é ou não um ponto de máximo ou de mínimo. No entanto, como o domínio da função tem, em geral, uma infinidade de pontos, a aplicação pura e simples das definições, ponto a ponto, não constitui um procedimento adequado para a localização dos pontos de máximo ou de mínimo.

Apresentaremos, a seguir, um critério para a determinação de pontos de máximo ou de mínimo, localizados no interior do domínio de funções que tenham derivadas parciais.

4.2.1 Condição Necessária

Seja f uma função definida num subconjunto D do R^2 e (a, b) um ponto interior de D. Se f tem derivadas parciais em (a, b), a condição necessária para que (a, b) seja um ponto de máximo ou de mínimo de f é que $\frac{\partial f}{\partial x}(a, b) = \frac{\partial f}{\partial y}(a, b) = 0$.

Prova

Suponhamos que (a, b) seja um ponto de máximo ou um ponto de mínimo de f. Então, a é, respectivamente, um ponto de máximo ou de mínimo da função g tal que $g(x) = f(x, b)$, de onde resulta que $g'(a) = 0$. Mas, $g'(a) = \frac{\partial f}{\partial x}(a, b)$.

Logo, devemos ter $\frac{\partial f}{\partial x}(a, b) = 0$. De modo análogo podemos mostrar que $\frac{\partial f}{\partial y}(a, b) = 0$.

Observação: A condição necessária que acabamos de demonstrar nos permite determinar os possíveis pontos de máximo ou de mínimo da função f, localizados no interior de seu domínio e nos quais f tenha derivadas parciais.

MÁXIMOS E MÍNIMOS **155**

Exemplos:

1. Consideremos a função f dada por $z = x^2 + y^2$. Como f tem derivadas parciais em todos os pontos do R^2, resulta que os possíveis pontos de máximo ou de mínimo desta função são somente aqueles para os quais

$$\begin{cases} \dfrac{\partial z}{\partial x} = 2x = 0 \\ \dfrac{\partial z}{\partial y} = 2y = 0 \end{cases}$$

A única solução deste sistema é o par $(x, y) = (0, 0)$. Resulta, então, que $(0, 0)$ é o único possível ponto de máximo ou de mínimo da função dada.

2. Seja agora a função f dada por $z = 4x + 5y$. Neste caso, f não tem ponto de máximo nem de mínimo, pois, embora f tenha derivadas parciais em todos os pontos R^2, estas derivadas não se anulam em ponto algum do R^2, pois

$$\begin{cases} \dfrac{\partial z}{\partial x} = 4 \neq 0 \\ \dfrac{\partial z}{\partial y} = 5 \neq 0 \end{cases}$$

3. Consideremos agora a função h tal que $h(x, y) = 4x + 5y$ com $(x, y) \in D = \left\{ (x, y) \in R^2 \mid x \geq 0, y \geq 0 \right\}$

O conjunto dos pontos interiores de D é formado pelos pontos (x, y) tais que $x > 0$ e $y > 0$. Em todos estes pontos, $\dfrac{\partial h}{\partial x} = 4$ e $\dfrac{\partial h}{\partial y} = 5$.

Logo, nenhum deles é ponto de máximo ou de mínimo de h.

Resta examinar os pontos (x, y) do domínio de h tais que $x = 0$ ou $y = 0$, isto é, os pontos da fronteira de D, aos quais a condição necessária não se aplica, pois estes pontos não são interiores e além disso h não tem derivadas parciais nestes pontos.

No entanto, como $x \geq 0$ e $y \geq 0$, resulta que $x + y \geq 0$ e portanto $h(x, y) \geq h(0, 0)$. Logo, $(0, 0)$ é um ponto de mínimo de h.

4. Seja f a função dada por

$$z = x^2 + y^2 - 4xy - 2x + 7y + 10$$

156 MATEMÁTICA

A função dada está definida e tem derivadas parciais em todos os pontos do R^2. Logo os únicos possíveis pontos de máximo ou de mínimo de f são aqueles para os quais $\dfrac{\partial z}{\partial x} = 0$ e $\dfrac{\partial z}{\partial y} = 0$

Mas,

$$\left.\begin{array}{l} \dfrac{\partial z}{\partial x} = 0 \\[3mm] \dfrac{\partial z}{\partial y} = 0 \end{array}\right\} \quad => \quad \left\{\begin{array}{l} 2x - 4y - 2 = 0 \\[3mm] 2y - 4x + 7 = 0 \end{array}\right.$$

Resolvendo o sistema assim obtido temos $(x, y) = \left(2, \dfrac{1}{2}\right)$ que é o único possível ponto de máximo ou de mínimo da função dada.

5. Seja f a função dada por

$$z = e^{(x-1)^2 + (y-2)^2},$$

que está definida e tem derivadas parciais em todos os pontos do R^2. Logo, os únicos possíveis pontos de máximo ou de mínimo de f são aqueles para os quais $\dfrac{\partial z}{\partial x} = 0$ e $\dfrac{\partial z}{\partial y} = 0$

Mas,

$$\left.\begin{array}{l} \dfrac{\partial z}{\partial x} = 0 \\[3mm] \dfrac{\partial z}{\partial y} = 0 \end{array}\right\} \quad => \quad \left\{\begin{array}{l} 2(x-1)\, e^{(x-1)^2 + (y-2)^2} = 0 \\[3mm] 2(y-2)\, e^{(x-1)^2 + (y-2)^2} = 0 \end{array}\right.$$

Resolvendo o sistema obtemos $(x, y) = (1, 2)$, único possível ponto de máximo ou de mínimo de f.

4.2.2 Condição Suficiente

Seja f uma função definida num conjunto $D \subset R^2$ e (x_0, y_0) um ponto interior de D tal que $\dfrac{\partial f}{\partial x}(x_0, y_0) = \dfrac{\partial f}{\partial y}(x_0, y_0) = 0$, isto é, um possível ponto de máximo ou de mínimo de f.

Nestas condições, se f é diferenciável no ponto (x_0, y_0) e se as derivadas parciais $\dfrac{\partial f}{\partial x}$ e $\dfrac{\partial f}{\partial y}$ são também diferenciáveis em (x_0, y_0) temos:

(1) (x_0, y_0) é o *ponto de máximo* se

$$\frac{\partial^2 f}{\partial x^2}(x_0, y_0) < 0 \text{ e}$$

$$\frac{\partial^2 f}{\partial x^2}(x_0, y_0)\frac{\partial^2 f}{\partial y^2}(x_0, y_0) - \left(\frac{\partial^2 f}{\partial x \partial y}(x_0, y_0)\right)^2 > 0$$

(2) (x_0, y_0) é o *ponto de mínimo* se

$$\frac{\partial^2 f}{\partial x^2}(x_0, y_0) > 0 \text{ e}$$

$$\frac{\partial^2 f}{\partial x^2}(x_0, y_0)\frac{\partial^2 f}{\partial y^2}(x_0, y_0) - \left(\frac{\partial^2 f}{\partial x \partial y}(x_0, y_0)\right)^2 > 0$$

(3) (x_0, y_0) *não é ponto de máximo nem de mínimo* se

$$\frac{\partial^2 f}{\partial x^2}(x_0, y_0)\frac{\partial^2 f}{\partial y^2}(x_0, y_0) - \left(\frac{\partial^2 f}{\partial x \partial y}(x_0, y_0)\right)^2 < 0$$

Neste caso, diremos que (x_0, y_0) é um *ponto de sela*.

A demonstração deste teorema pode ser vista, por exemplo, na referência bibliográfica [2]. Fora das condições mencionadas neste teorema, o fato de (x_0, y_0) ser ou não ponto de máximo ou de mínimo deverá ser analisado diretamente a partir da definição.

158 MATEMÁTICA

Exemplos:

1. Consideremos a função f dada por $z = x^2 + y^2$.

a. *determinação dos candidatos:*

$$\left.\begin{array}{l} \dfrac{\partial z}{\partial x} = 0 \\[2em] \dfrac{\partial z}{\partial y} = 0 \end{array}\right\} \Rightarrow \left\{\begin{array}{l} 2x = 0 \\[2em] 2y = 0 \end{array}\right. \Rightarrow \cdot (x, y) = (0, 0)$$

b. *classificação dos candidatos:*

$$\frac{\partial^2 z}{\partial x^2} = 2 \quad \therefore \quad \frac{\partial^2 z}{\partial x^2}(0, 0) = 2$$

$$\frac{\partial^2 z}{\partial y^2} = 2 \quad \therefore \quad \frac{\partial^2 z}{\partial y^2}(0, 0) = 2$$

$$\frac{\partial^2 z}{\partial x \partial y} = 0 \quad \therefore \quad \frac{\partial^2 z}{\partial x \partial y}(0, 0) = 0$$

$$\therefore \frac{\partial^2 z}{\partial x^2}(0, 0) = 2 > 0 \text{ e}$$

$$\frac{\partial^2 z}{\partial x^2}(0, 0) \cdot \frac{\partial^2 z}{\partial y^2}(0, 0) - \left(\frac{\partial^2 z}{\partial x \partial y}(0, 0)\right)^2 = 4 > 0$$

Logo, de acordo com a condição suficiente, resulta que $(0, 0)$ é ponto de mínimo da função dada.

2. Para a função f dada por $z = -(x-4)^2 - (y-2)^2$, temos:

a. *determinação dos candidatos:*

$$\left.\begin{array}{l} \dfrac{\partial z}{\partial x} = 0 \\[2em] \dfrac{\partial z}{\partial y} = 0 \end{array}\right\} \Rightarrow \left\{\begin{array}{l} -2(x-4) = 0 \\[2em] -2(y-2) = 0 \end{array}\right. \Rightarrow (x, y) = (4, 2)$$

b.   *classificação dos candidatos:*

$$\frac{\partial^2 z}{\partial x^2} = -2 \qquad \therefore \qquad \frac{\partial^2 z}{\partial x^2}(4, 2) = -2$$

$$\frac{\partial^2 z}{\partial y^2} = -2 \qquad \therefore \qquad \frac{\partial^2 z}{\partial y^2}(4, 2) = -2$$

$$\frac{\partial^2 z}{\partial x \partial y} = 0 \qquad \therefore \qquad \frac{\partial^2 z}{\partial x \partial y}(4, 2) = 0$$

Temos, então:

$$\frac{\partial^2 z}{\partial x^2}(4, 2) = -2 < 0 \quad e$$

$$\frac{\partial^2 z}{\partial x^2}(4, 2) \cdot \frac{\partial^2 z}{\partial y^2}(4, 2) - \left(\frac{\partial^2 z}{\partial x \partial y}(4, 2)\right)^2 = 4 > 0$$

Logo, de acordo com a condição suficiente resulta que (4, 2) é ponto de máximo da função dada.

3.   Para a função f dada por

$$z = 4x^2 - 5y^2 + 2xy + 4x - 8y + 10, \text{ temos:}$$

a.   *determinação dos candidatos:*

$$\left.\begin{array}{l} \dfrac{\partial z}{\partial x} = 0 \\[3mm] \dfrac{\partial z}{\partial y} = 0 \end{array}\right\} \quad => \quad \left\{\begin{array}{l} 8x + 2y + 4 = 0 \\[3mm] -10y + 2x - 8 = 0 \end{array}\right. \quad => \quad \left\{\begin{array}{l} 8x + 2y = -4 \\[3mm] 2x - 10y = 8 \end{array}\right.$$

Resolvendo o sistema, obtemos

$$(x, y) = \left(-\frac{2}{7}, -\frac{6}{7}\right)$$

160 MATEMÁTICA

b.   *classificação dos candidatos:*

$$\frac{\partial^2 z}{\partial x^2} = 8 \quad \therefore \quad \frac{\partial^2 z}{\partial x^2}\left(-\frac{2}{7}, -\frac{6}{7}\right) = 8$$

$$\frac{\partial^2 z}{\partial y^2} = -10 \quad \therefore \quad \frac{\partial^2 z}{\partial y^2}\left(-\frac{2}{7}, -\frac{6}{7}\right) = -10$$

$$\frac{\partial^2 z}{\partial x \partial y} = 2 \quad \therefore \quad \frac{\partial^2 z}{\partial x \partial y}\left(-\frac{2}{7}, -\frac{6}{7}\right) = 2$$

Temos, então:

$$\frac{\partial^2 z}{\partial x^2}\left(-\frac{2}{7}, -\frac{6}{7}\right) = 8 > 0 \text{ e}$$

$$\frac{\partial^2 z}{\partial x^2}\left(-\frac{2}{7}, -\frac{6}{7}\right) \cdot \frac{\partial^2 z}{\partial y^2}\left(-\frac{2}{7}, -\frac{6}{7}\right) - \left(\frac{\partial^2 z}{\partial x \partial y}\left(-\frac{2}{7}, -\frac{6}{7}\right)\right)^2 = -84 < 0$$

De acordo com a condição suficiente, $\left(-\frac{2}{7}, -\frac{6}{7}\right)$ não é ponto de máximo nem de mínimo. Neste caso, temos um *ponto de sela.*

4.   Consideremos agora a função f dada por $z = \sqrt{x^2 - y^2}$

O domínio de f é o subconjunto $D \subset R^2$ formado pelos pontos (x, y) tais que $x^2 - y^2 \geq 0$. (Figura 4.4)

Nos pontos interiores de D a função não tem pontos de máximo nem de mínimo, pois o sistema

$$\begin{cases} \dfrac{\partial z}{\partial x} = \dfrac{x}{\sqrt{x^2 - y^2}} = 0 \\ \dfrac{\partial z}{\partial y} = \dfrac{-y}{\sqrt{x^2 - y^2}} = 0 \end{cases}$$

não tem solução no interior de D.

No que se refere a máximos e mínimos, os demais pontos de D devem ser examinados diretamente pela definição.

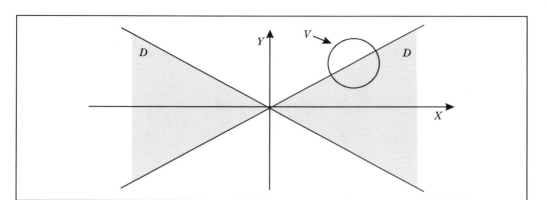

Figura 4.4

Seja (x_0, y_0) um ponto qualquer da reta $y = x$ (bissetriz do 1º e 3º quadrantes). Se V é um disco de raio R centrado em (x_0, y_0) temos:

$$f(x, y) = \sqrt{x^2 - y^2} \geq f(x_0, y_0) = 0,$$

qualquer que seja $(x, y) \in V \cap D$.

De fato, se $(x, y) \in V \cap D$, então $x^2 - y^2 \geq 0$ e portanto $\sqrt{x^2 - y^2} \geq 0$. Por outro lado, como (x_0, y_0) está sobre a reta $y = x$, temos

$$f(x_0, y_0) = \sqrt{x_0^2 - x_0^2} = 0$$

Resulta, portanto, que (x_0, y_0) é um ponto de mínimo da função dada.

Com raciocínio análogo podemos mostrar que todo ponto (x_0, y_0) da reta $y = -x$ (bissetriz do 2º e 4º quadrantes) é ponto de mínimo da função f.

5. Dado um conjunto de n pontos (x_i, y_i), $i = 1, 2, ..., n$, determinar a reta $y = ax + b$ que melhor ajuste esses pontos, no sentido de minimizar a soma dos quadrados dos desvios $\sum_{i=1}^{n} e_i^2$, onde $e_i = (y - y_i)$. (Método dos mínimos quadrados.)

Solução:

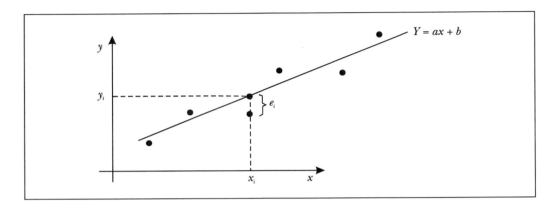

$$\sum_{i=1}^{n} e_i^2 = \sum_{i=1}^{n} (y - y_i)^2 = \sum_{i=1}^{n} (ax_i + b - y_i)^2$$

Derivando $\sum_{i=1}^{n} e_i^2$ em relação a a e b temos:

$$\frac{\partial \sum_{i=1}^{n} e_i^2}{\partial a} = 2 \cdot \sum_{i=1}^{n} (ax_i + b - y_i) \cdot x_i$$

$$\frac{\partial \sum_{i=1}^{n} e_i^2}{\partial b} = 2 \cdot \sum_{i=1}^{n} (ax_i + b - y_i)$$

A condição necessária para que (a, b) seja ponto de mínimo é que:

$$\begin{cases} \sum_{i=1}^{n} (ax_i + b - y_i) \cdot x_i = 0 \quad (1) \\ \sum_{i=1}^{n} (ax_i + b - y_i) = 0 \quad (2) \end{cases}$$

De (2) vem: $a \cdot \sum\limits_{i=1}^{n} x_i + nb - \sum y_i = 0$ ou,

$$b = \frac{\sum\limits_{i=1}^{n} y_i - a \cdot \sum\limits_{i=1}^{n} x_i}{n}$$

De (1) temos

$$a. \sum\limits_{i=1}^{n} x_i^2 + b \cdot \sum\limits_{i=1}^{n} x_i - \sum\limits_{i=1}^{n} x_i y_i = 0$$

Substituindo o valor de b encontrado em (2) temos

$$a. \sum\limits_{i=1}^{n} x_i^2 + \left(\frac{\sum\limits_{i=1}^{n} y_i - a \cdot \sum\limits_{i=1}^{n} x_i}{n} \right) \cdot \sum\limits_{i=1}^{n} x_i - \sum\limits_{i=1}^{n} x_i y_i = 0$$

ou

$$a. \left(\sum\limits_{i=1}^{n} x_i^2 - \frac{\sum\limits_{i=1}^{n} x_i}{n} \cdot \sum\limits_{i=1}^{n} x_i \right) + \frac{\sum\limits_{i=1}^{n} x_i \cdot \sum\limits_{i=1}^{n} y_i}{n} - \sum\limits_{i=1}^{n} x_i y_i = 0$$

de onde: $a = \dfrac{\sum\limits_{i=1}^{n} x_i y_i - n \cdot \dfrac{\sum\limits_{i=1}^{n} x_i}{n} \cdot \dfrac{\sum\limits_{i=1}^{n} y_i}{n}}{\sum\limits_{i=1}^{n} x_i^2 - n \dfrac{\sum\limits_{i=1}^{n} x_i}{n} \cdot \dfrac{\sum\limits_{i=1}^{n} x_i}{n}}$

Fazendo $\dfrac{\displaystyle\sum_{i=1}^{n} x_i}{n} = \overline{x}$ e $\dfrac{\displaystyle\sum_{i=1}^{n} y_i}{n} = \overline{y}$

temos

$$\begin{cases} a = \dfrac{\displaystyle\sum_{i=1}^{n} x_i y_i - n\,\overline{x}\,\overline{y}}{\displaystyle\sum_{i=1}^{n} x_i^{\,2}\, n\,(\overline{x})^{\,2}} \\[2em] \text{e} \\ b = \overline{y} - a \cdot \overline{x} \end{cases}$$

Por outro lado:

$$\frac{\partial^{\,2} \displaystyle\sum_{i=1}^{n} e_i^{\,2}}{\partial a^{\,2}} = 2 \sum_{i=1}^{n} x_i^{\,2}$$

$$\frac{\partial^{\,2} \displaystyle\sum_{i=1}^{n} e_i^{\,2}}{\partial b^{\,2}} = 2n$$

$$\frac{\partial^{\,2} \displaystyle\sum_{i=1}^{n} e_i^{\,2}}{\partial a\,\partial b} = 2 \sum_{i=1}^{n} x_i$$

Então:

$$\frac{\partial^{\,2} \displaystyle\sum_{i=1}^{n} e_i^{\,2}}{\partial a^{\,2}} \cdot \frac{\partial^{\,2} \displaystyle\sum_{i=1}^{n} e_i^{\,2}}{\partial b^{\,2}} - \left(\frac{\partial^{\,2} \displaystyle\sum_{i=1}^{n} e_i^{\,2}}{\partial a\,\partial b} \right)^{2} = 4n \sum_{i=1}^{n} x_i^{\,2} - 4 \left(\sum_{i=1}^{n} x_i \right)^{2} =$$

$$= 4 \left[n \sum_{i=1}^{n} x_i^{\,2} - \left(\sum_{i=1}^{n} x_i \right)^{2} \right] = 4n^{2} \left[\frac{\displaystyle\sum_{i=1}^{n} x_i^{\,2}}{n} - \left(\frac{\displaystyle\sum_{i=1}^{n} x_i}{n} \right)^{2} \right] = 4n^{2} \sigma_{(x)}^{\,2} > 0$$

Como $\dfrac{\partial^2 \sum\limits_{i=1}^{n} e_i^2}{\partial b^2} = 2n > 0$, temos um ponto de mínimo de $\sum\limits_{i=1}^{n} e_1^2$, dado pelo par (a, b).

EXERCÍCIOS PROPOSTOS

Determinar, caso existam, os pontos de máximo e os pontos de mínimo das funções dadas por:

1. $z = 1 + x^2 + y^2$

2. $z = 1 - x^2 - y^2$

3. $z = 3x^2 + y + 5y^2$

4. $z = x^4 y^4$

5. $z = -4(x-3)^2 - 5(y-2)^2$

6. $z = 1 + xy$

7. $z = -y^2 - 4x^2 + 10y + 5x + 10$

8. $z = e^{x+y}$

9. $z = e^{2x^2 + 4y^2}$

10. $z = x^2 e^y$

11. $z = \dfrac{(x-2)^6}{5} + \dfrac{(y-2)^4}{3}$

12. $z = x^3 + y^3 - 3x - 12y + 15$

13. $z = \sqrt{x^2 + y^2}$

166 MATEMÁTICA

RESPOSTAS

	P_m	P_M	Obs.
1.	$(0, 0)$	não tem	
2.	não tem	$(0, 0)$	
3.	$\left(0, -\dfrac{1}{10}\right)$	não tem	
4.	$(0, 0)$	não tem	(Verificar pela definição)
5.	não tem	$(3, 2)$	
6.	não tem	não tem	$(0, 0)$ – *Ponto de sela*
7.	não tem	$\left(\dfrac{5}{8}, 5\right)$	
8.	não tem	não tem	
9.	$(0, 0)$	não tem	
10.	$(0, y), y \in R$	não tem	(Verificar pela definição)
11.	$(2, 2)$	não tem	(Verificar pela definição)
12.	$(1, 2)$	$(-1, -2)$	$(1, -2)$ e $(-1, 2)$ – *Pontos de sela*
13.	$(0, 0)$	não tem	(Verificar pela definição)

4.3 APLICAÇÕES

1. As equações $p = 14 - 3x$ e $q = 50 - 5y$ representam as equações da demanda de dois bens de preços p e q, respectivamente. Sabendo-se que o custo associado à produção destes bens é dado por $C = x^2 + 2xy + 3y^2$, determinar as quantidades x e y que maximizam o lucro.

2. As equações seguintes representam as demandas de dois bens de preços p e q, respectivamente:

$$x = 11 - 2p - 2q \quad e \quad y = 16 - 2p - 3q.$$

Determinar as quantidades x e y que maximizam o lucro, sendo o custo associado dado por $C = 3x + y + 20$.

3. As equações de demanda de dois bens de preços p e q, respectivamente, são dadas por $p = 16 - x^2$, $q = 9 - y^2$. Determinar as quantidades x e y que maximizam o lucro, sendo que o custo associado é dado por $C = x^2 + 3y^2 + 5$.

MÁXIMOS E MÍNIMOS **167**

4. Uma empresa anotou os seguintes custos para a produção de um objeto:

Quantidade	(q)	200	230	240	256	280
Custo Total	(C_t)	3.500	3.800	3.920	4.010	4.200

a. Ajustar pelo método dos mínimos quadrados a reta $C_t = a \cdot q + b$ aos dados anotados.

b. Qual o valor mais possível do custo fixo e do custo variável por unidade?

5. Uma firma comercial tem os seguintes dados que relacionam o preço e a quantidade comercializada de um item de seu estoque.

Preço de venda	(p)	25	27	30	32	35
Quantidade vendida	(q)	180	130	100	86	76

a. Ajustar os dados por uma curva do tipo $p = \dfrac{1}{b + a \cdot q}$

(Sugestão: tomar $P = \dfrac{1}{p}$ e ajustar a reta dos mínimos quadrados).

b. Qual deveria ser o preço provável de vendas para uma quantidade de 200 unidades vendidas.

6. O quadro a seguir mostra a evolução (em milhões de reais) do produto interno bruto de um país (PIB) de 1971 a 1976.

ano	1971	1972	1973	1974	1975	1976
PIB	274.267	359.133	477.163	676.617	897.194	1.397.829

a. Ajustar os dados por uma curva do tipo $y = ba^x$ onde y representa o PIB e x o ano correspondente.

(Sugestão: linearizar $y = b \cdot a^x$ com o uso de logaritmos e ajustar a reta de mínimos quadrados).

7. Os dados a seguir são referentes a quantidade de itens comercializados por uma empresa de 1974 a 1977.

ano	(x)	1974	1975	1976	1977
quantidade	(y)	2.600	2.900	3.500	4.500

168 MATEMÁTICA

a. Ajustar os dados por uma curva do tipo $y = bx^a$

(Sugestão: idem à do exercício 6).

b. Calcular, usando o item (a), o valor mais provável da quantidade a ser comercializada em 1978.

8. Um monopolista tem a seguinte função de produção:

$$P = 23T + 15C - 0,5T^2 - 0,25C^2$$

O preço por unidade de capital é $P_C = 2 + 0,25C$ e o preço por unidade de mão-de-obra é $p_T = 3 + 1,5T$

Se o monopolista vende seu produto a R\$ 1,00 por unidade, qual deve ser a alocação de capital e trabalho que maximiza seu lucro?

9. O monopolista do exercício anterior prevê para um cenário futuro um aumento de 10% no insumo capital e de 20% no insumo trabalho. Se o preço do produto for aumentado em 12%, qual a nova alocação de recursos para maximizar seu lucro?

10. Uma empresa que atua num mercado de competição perfeita para produto e insumos tem sua função de produção dada por:

$$P = 100 - 0,5T^2 + TC - 2C^2 + 20C$$

O produto final é vendido a R\$ 10,00 e os custos dos insumos são: $P_T = 2,00$ e $P_C = 1,50$. Calcular a alocação ótima de recursos para maximizar o lucro da empresa.

RESPOSTAS

1. $x = 1; y = 3$

2. $x = \dfrac{3}{2}; y = \dfrac{7}{2}$

3. $x = 2; y = 1$

4. $C_t = 8,69\, q + 1.789,64$
   custo unitário R\$ 8,69
   custo fixo   R\$ 1.789,64

5. a. $p = \dfrac{1}{0,0220 + 0,00010q}$

   b. R\$ 23,80

6. a. $y = 189.976 \cdot 1,37866^{(x - 1970)}$
   b. $y_{1977} = 1.798.453$

7. a. $y = 2.455,29\,(x - 1973)^{0,3726}$

   b. $y_{1978} = 4.472$

8. $T = 5,\ C = 13$

9. $T = 4,69,\ C = 13,15$

10. $T = 6,35,\ C = 6,55$

MÁXIMOS E MÍNIMOS CONDICIONADOS

No capítulo anterior estudamos a determinação dos máximos e mínimos de funções cujas variáveis não estavam sujeitas a restrições. No entanto, no âmbito das aplicações, o que geralmente ocorre é a necessidade de determinar máximos e mínimos de funções em que as variáveis aparecem ligadas por um conjunto de restrições. É o que ocorre, por exemplo, no estudo dos problemas de atribuição e distribuição de recursos, como nas questões de análise das atividades, misturas, transportes e designação.

Em primeiro lugar, estudaremos o *MÉTODO GRÁFICO* para a solução do problema, que consiste em determinar o valor máximo ou o valor mínimo das funções lineares de duas variáveis, ligadas por um conjunto de restrições lineares. O leitor terá, assim, o primeiro contato com uma disciplina de grande interesse prático, que é a Programação Linear.

A solução dos problemas envolvendo mais de duas variáveis depende do estudo prévio do *MÉTODO DO SIMPLEX*, uma rotina algébrica especial, bastante trabalhosa do ponto de vista de cálculo, mas de fácil programação em computador e, em geral, disponível nos centros de computação.

O método do simplex é normalmente apresentado na disciplina Pesquisa Operacional, que integra o currículo da maioria dos cursos de Administração.

Em segundo lugar, apresentaremos o *MÉTODO DIRETO* e o *MÉTODO DOS MULTIPLICADORES DE LAGRANGE* para a solução dos problemas nos quais a função a ser otimizada ou as restrições não são lineares.

5.1 MÁXIMOS E MÍNIMOS DE FUNÇÕES LINEARES COM RESTRIÇÕES LINEARES: MÉTODO GRÁFICO

Sejam A e B números reais quaisquer. A função F definida no R^2 e dada por

$$z = Ax + By$$

recebe o nome de função linear.

O problema que pretendemos resolver consiste em determinar o valor máximo ou o valor mínimo da função $z = Ax + By$, sabendo-se que as variáveis x e y estão ligadas por um conjunto de restrições da forma

$$ax + by \geq c \quad \text{ou} \quad ax + by \leq c$$

em que a, b e c são números reais.

MÉTODO GRÁFICO

1º caso. A representação gráfica do conjunto de restrições é um polígono convexo.

Neste caso, considerando-se que o gráfico da função dada por $z = Ax + By$ é um plano, resulta que o valor máximo e o valor mínimo desta função são atingidos nos vértices do referido polígono.

Em consequência, para resolver o problema basta determinar as coordenadas dos vértices do polígono e os correspondentes valores da função.

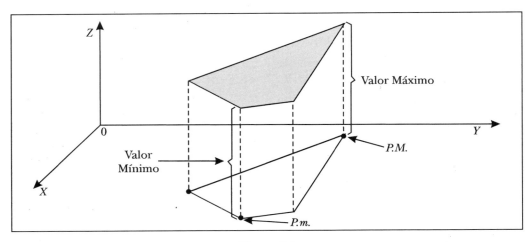

Figura 5.1

Da comparação destes valores resultam o valor máximo e o valor mínimo da função, bem como os respectivos pontos de máximo e de mínimo, conforme mostra a Figura 5.1.

Pode ocorrer que a função tenha valores iguais em dois vértices consecutivos (A_1 e A_2) do polígono; neste caso, como seu gráfico é um plano, ele terá o mesmo valor em todos os pontos do segmento A_1A_2. Então, todos os pontos do segmento A_1A_2 serão pontos de máximo ou de mínimo, conforme A_1 seja ponto de máximo ou ponto de mínimo.

Exemplos:

1. Determinar o valor máximo e o valor mínimo da função dada por

$$z = 10x + 20y$$

sabendo-se que

$$\begin{cases} x + y \leq 10 \\ x \leq 8 \\ y \leq 5 \\ x \geq 0 \\ y \geq 0 \end{cases}$$

Solução:

Passo 1. Representação gráfica do conjunto definido pelo sistema de desigualdades.

Representando graficamente o sistema de desigualdades, conforme estudamos no Capítulo 1, obtemos o polígono da figura que segue:

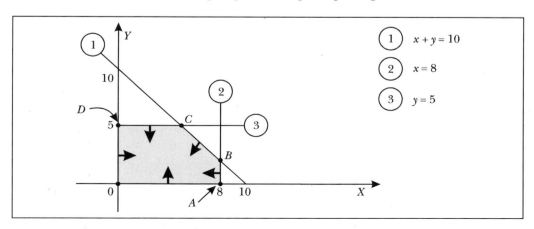

172 MATEMÁTICA

Passo 2. Determinação dos vértices do polígono.

$0 = (0, 0)$;

$A = (8, 0)$;

$B \equiv \text{①} \cap \text{②} \begin{cases} x + y = 10 \\ x = 8 \end{cases} \Rightarrow \begin{array}{l} x = 8 \\ y = 2 \end{array} \therefore B = (8, 2)$;

$C \equiv \text{①} \cap \text{③} \begin{cases} x + y = 10 \\ y = 5 \end{cases} \Rightarrow \begin{array}{l} x = 5 \\ y = 5 \end{array} \therefore C = (5, 5)$;

$D = (0, 5)$

Passo 3. Determinação e comparação dos valores da função nos vértices.

$$\begin{array}{lll} 0 = & (0, 0) & \Rightarrow z = 0 \\ A = & (8, 0) & \Rightarrow z = 80 \\ B = & (8, 2) & \Rightarrow z = 120 \\ C = & (5, 5) & \Rightarrow z = 150 \\ D = & (0, 5) & \Rightarrow z = 100 \end{array}$$

Logo, o valor máximo é 150 e o valor mínimo é zero, isto é,

$$\boxed{\begin{array}{l} \text{Máx } z = 150 \\ \phantom{\text{Máx }} x = 5 \\ \phantom{\text{Máx }} y = 5 \end{array}} \qquad \boxed{\begin{array}{l} \text{Mín } z = 0 \\ \phantom{\text{Mín }} x = 0 \\ \phantom{\text{Mín }} y = 0 \end{array}}$$

2. Determinar o valor máximo e o valor mínimo da função dada por

$$z = 2x + 3y$$

sabendo-se que:

$y + 2x \geq 7$

$3y - 2x \leq 13$

$x + y \geq 4$

$2y + 5x \leq 34$

$2x - y \leq 10$

$x \geq 0$

$y \geq 0$

Solução:

Passo 1. Representação gráfica do conjunto definido pelo sistema de desigualdades.

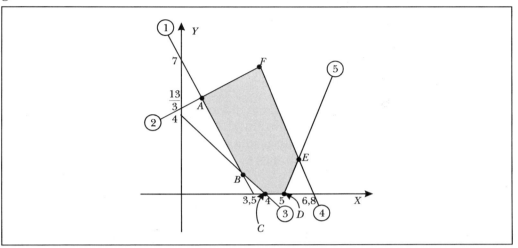

Passo 2. Determinação dos vértices do polígono.

$$A \equiv ① \cap ② \Rightarrow \begin{cases} y + 2x = 7 \\ 3y - 2x = 13 \end{cases} \Rightarrow \begin{matrix} x = 1 \\ y = 5 \end{matrix} \therefore A = (1, 5)$$

$$B \equiv ① \cap ③ \Rightarrow \begin{cases} y + 2x = 7 \\ x + y = 4 \end{cases} \Rightarrow \begin{matrix} x = 3 \\ y = 1 \end{matrix} \therefore B = (3, 1)$$

$C = (4, 0)$

$D = (5, 0)$

$$E \equiv ④ \cap ⑤ \Rightarrow \begin{cases} 2y + 5x = 34 \\ 2x - y = 10 \end{cases} \Rightarrow \begin{matrix} x = 6 \\ y = 2 \end{matrix} \therefore E = (6, 2)$$

$$F \equiv ② \cap ④ \Rightarrow \begin{cases} 3y - 2x = 13 \\ 2y + 5x = 34 \end{cases} \Rightarrow \begin{matrix} x = 4 \\ y = 7 \end{matrix} \therefore F = (4, 7)$$

Passo 3. Determinação e comparação dos valores da função nos vértices.

$A = (1, 5) \Rightarrow z = 17$
$B = (3, 1) \Rightarrow z = 9$
$C = (4, 0) \Rightarrow z = 8$
$D = (5, 0) \Rightarrow z = 10$
$E = (6, 2) \Rightarrow z = 18$
$F = (4, 7) \Rightarrow z = 29$

174 MATEMÁTICA

Logo, o valor máximo é $z = 29$ e o valor mínimo é $z = 8$; isto é:

Máx $z = 29$ $x = 4$ $y = 7$	Mín $z = 8$ $x = 4$ $y = 0$

2° caso. A representação gráfica do conjunto de restrições é um conjunto poligonal.

No caso em que o sistema de desigualdades define um conjunto poligonal não limitado, como o gráfico da função F dada por $z = Ax + By$ é um plano, resulta que F tem somente máximo absoluto ou mínimo absoluto, conforme F seja limitada superior ou inferiormente no referido conjunto, como mostram os exemplos seguintes.

Exemplos:

1. Determinar o valor mínimo da função dada por $z = 20x + 30y$ sabendo-se que:

$$\begin{cases} x + y \geq 20 \\ y \leq 25 \\ x \geq 10 \\ y \geq 0 \end{cases}$$

Solução:

Passo 1. Representação gráfica do conjunto definido pelo sistema de desigualdades.

A representação gráfica deste sistema de desigualdades leva ao conjunto poligonal da figura da página seguinte:

Passo 2. Determinação dos vértices do polígono.

$A = (20, 0)$

$B \equiv ① \cap ③ \begin{cases} x + y = 20 \\ x = 10 \end{cases} => \begin{matrix} x = 10 \\ y = 10 \end{matrix} \therefore B = (10, 10)$

$C \equiv ② \cap ③ \begin{cases} y = 25 \\ x = 10 \end{cases} \therefore C = (10, 25)$

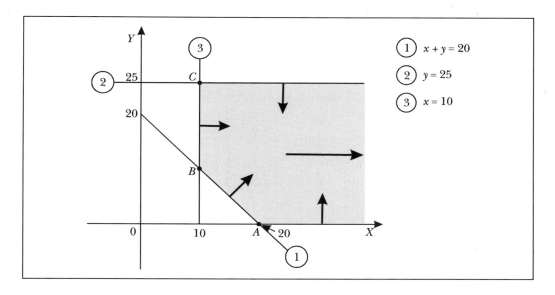

Passo 3. Determinação e comparação dos valores da função nos vértices.

$$A = (20, 0) \Rightarrow z = 400$$
$$B = (10, 10) \Rightarrow z = 500$$
$$C = (10, 25) \Rightarrow z = 950$$

Logo, o valor mínimo da função dada é 400, o que ocorre no ponto $A = (20, 0)$, isto é:

$$\boxed{\begin{aligned} \text{Mín } z &= 400 \\ x &= 20 \\ y &= 0 \end{aligned}}$$

Observação: Neste caso, a função não tem máximo. De fato, se (x, y) se afasta, por exemplo, do ponto C sobre a reta $y = 25$, o valor da função cresce indefinitivamente.

2. Determinar o valor máximo da função dada por $z = 15x + 20y$ sabendo-se que:

$$\begin{cases} x + y \leq 15 \\ y \leq 20 \\ y \geq 0 \end{cases}$$

Solução:

Passo 1. Representação gráfica do conjunto definido pelo sistema de desigualdades.

A representação gráfica deste sistema de desigualdades leva ao conjunto poligonal da figura seguinte:

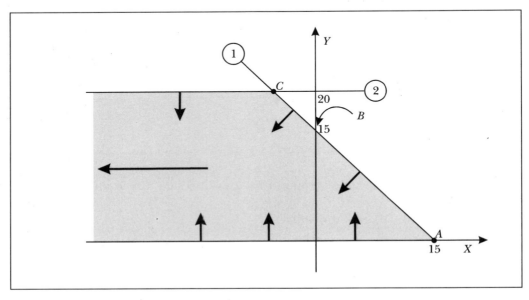

Passo 2. Determinação dos vértices do conjunto poligonal.

$A = (15, 0)$
$B = (0, 15)$
$C \equiv ① \cap ② \Rightarrow \begin{cases} x + y = 15 \\ y = 20 \end{cases} \therefore \begin{matrix} x = -5 \\ y = 20 \end{matrix} \therefore C = (-5, 20)$

Passo 3. Determinação e comparação dos valores da função nos vértices.

$A = (15, 0) \Rightarrow z = 225$
$B = (0, 15) \Rightarrow z = 300$
$C = (-5, 20) \Rightarrow z = 325$

$\therefore$ $\boxed{\begin{matrix} \text{Máx } z = 325 \\ x = -5 \\ y = 20 \end{matrix}}$

Observação: Neste caso, a função não tem mínimo. De fato, se (x, y) se afasta, por exemplo, do vértice A, sobre a reta $y = 0$ (eixo OX), o valor da função decresce indefinidamente.

MÁXIMOS E MÍNIMOS CONDICIONADOS **177**

EXERCÍCIOS PROPOSTOS

Resolver os problemas seguintes:

1. Máx. $z = -x + y$ sabendo-se que
$$\begin{cases} x \geq 0 \\ y \geq 0 \\ y + x \leq 20 \end{cases}$$

2. Mín. $z = x + y$ sabendo-se que
$$\begin{cases} x \geq 0 \\ y \geq 0 \\ y + x \leq 6 \end{cases}$$

3. Mín. $z = -2x + y$ sabendo-se que
$$\begin{cases} x \geq 0 \\ y \geq 0 \\ y + x \geq 4 \end{cases}$$

4. Máx. $z = -2x + 3y$ sabendo-se que
$$\begin{cases} x \geq 0 \\ y \geq 0 \\ y + x \leq 20 \end{cases}$$

5. Mín. $z = \dfrac{1}{3} x - \dfrac{2}{3} y$ sabendo-se que
$$\begin{cases} x + y \geq 10 \\ x + y \leq 20 \\ y - x \leq 8 \\ y - x \geq -4 \end{cases}$$

6. Mín. $z = -12x + 3y$ sabendo-se que
$$\begin{cases} x + y \geq 10 \\ x + y \leq 20 \\ y \leq 12 \\ y \geq x \\ x \geq 0 \end{cases}$$

178 MATEMÁTICA

7. Máx. $z = 2y - 3x$ sabendo-se que

$$\begin{cases} x + y \geq 8 \\ y - x \leq 10 \\ x \geq 0 \\ 2y - x \geq -8 \\ y \geq 2 \end{cases}$$

8. Máx. $z = 20x + 5y$ e mín. $z = 20x + 5y$ sabendo-se que:

$$\begin{cases} -3x + 2y \leq 10 \\ 2x + 5y \leq 44 \\ x + 2y \geq 4 \\ -x + y \geq -5 \\ x \geq 0 \\ y \geq 0 \end{cases}$$

9. Mín. $z = 30x + 40y$ sabendo-se que:

$$\begin{cases} y - x \leq 100 \\ x + y \geq 50 \\ x \geq 25 \\ y \geq 0 \\ y \leq 150 \end{cases}$$

10. Máx. $z = 5x + y - 2$ e mín. $z = 5x + y - 2$ sabendo-se que:

$$\begin{cases} 2y - 5x \leq 10 \\ y \geq 0 \\ x \geq 0 \\ y + 5x \leq 20 \end{cases}$$

RESPOSTAS

1. Máx. $(z) = 20$; $x = 0, y = 20$

2. Mín. $(z) = 0$; $x = 0, y = 0$

3. A função não tem mínimo

4. Máx. $(z) = 60$; $x = 0, y = 20$

5. Mín. $(z) = -\dfrac{22}{3}$; $x = 6, y = 14$

6. Mín. $(z) = -90$; $x = 10, y = 10$

7. Máx. $(z) = 20$; $x = 0, y = 10$

8. Máx. $(z) = \dfrac{1.550}{7}$; $x = \dfrac{69}{7}$ $y = \dfrac{34}{7}$

   Mín. $(z) = 10$; $x = 0, y = 2$

9. Mín. $(z) = 1.500$; $x = 50, y = 0$

10. Máx. $(z) = 18$; $\{(x, y) \mid y = 20 - 5x \text{ e } 2 \leq x \leq 4\}$

   Mín. $(z) = -2$; $x = 0, y = 0$

MÁXIMOS E MÍNIMOS CONDICIONADOS **179**

5.2 APLICAÇÕES

Problema 1. Uma empresa possui dois tipos de máquinas, M_1 e M_2. A máquina M_1 pode produzir diariamente 1.000 arruelas do tipo 1, 2.000 do tipo 2 e 1.500 do tipo 3. A máquina M_2 pode produzir diariamente 5.000 arruelas do tipo 1, 800 do tipo 2 e 1.500 do tipo 3. Como o custo operacional diário de M_1 é de R\$ 200,00 e o de M_2 é de R\$ 250,00, deseja-se saber quantos dias cada máquina deverá ser operada de modo a produzir com o menor custo possível, pelo menos 40.000 arruelas do tipo 1, 24.000 do tipo 2 e 30.000 do tipo 3.

Solução:

Se a máquina M_1 for operada durante x dias, seu custo operacional será de $200x$ reais. Se a máquina M_2 for operada durante y dias, seu custo operacional será de $250y$ reais.

Logo, o custo operacional correspondente à operação da máquina M_1 por x dias e de M_2 por y dias será de $200x + 250y$ reais.

Por outro lado, se a máquina M_1 for operada durante x dias, ela produzirá $1.000x$ arruelas do tipo 1, $2.000x$ arruelas do tipo 2 e $1.500x$ arruelas do tipo 3.

De modo análogo, a produção correspondente a y dias de operação da máquina M_2 será de $5.000y$ arruelas do tipo $1.800y$ do tipo 2 e $1.500y$ do tipo 3.

Logo, a produção correspondente a x dias de operação da máquina M_1 e a y dias de M_2 será de $1.000x + 5.000y$ arruelas do tipo 1, $2.000x + 800y$ do tipo 2 e $1.500x + 1.500y$ arruelas do tipo 3.

Estas quantidades devem ser no mínimo iguais a 40.000 do tipo 1, 24.000 do tipo 2 e 30.000 do tipo 3.

Logo, o problema consiste em determinar o valor mínimo da função dada por

$$z = 200x + 250y$$

sabendo-se que

$$\begin{cases} 1.000x + 5.000y \geq 40.000 \\ 2.000x + 800y \geq 24.000 \\ 1.500x + 1.500y \geq 30.000 \\ x \geq 0 \\ y \geq 0 \end{cases}$$

Passo 1. Representando o sistema de desigualdades, obtemos o conjunto poligonal da figura seguinte:

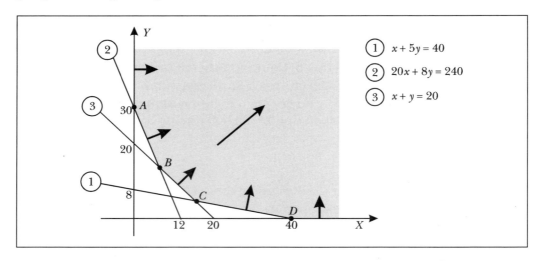

Passo 2. Determinação dos vértices

$A = (0, 30);$

$B \equiv ② \cap ③ \Rightarrow \begin{cases} 20x + 8y = 240 \\ x + y = 20 \end{cases} \Rightarrow \begin{matrix} x = \dfrac{20}{3} \\ y = \dfrac{40}{3} \end{matrix} \therefore A = \left(\dfrac{20}{3}, \dfrac{40}{3}\right)$

$C \equiv ① \cap ③ \Rightarrow \begin{cases} x + 5y = 40 \\ x + y = 20 \end{cases} \Rightarrow \begin{matrix} x = 15 \\ y = 5 \end{matrix} \therefore B = (15, 5)$

$D = (40, 0)$

Passo 3. Cálculo dos valores nos vértices

$A = (0, 30) \Rightarrow z = 7.500$

$B = \left(\dfrac{20}{3}, \dfrac{40}{3}\right) \Rightarrow z = \dfrac{14.000}{3} \cong 4.666{,}66$

$C = (15, 5) \Rightarrow z = 4.250$

$D = (40, 0) \Rightarrow z = 8.000$

Portanto,

Mín $z =$	4.250
$x =$	15
$y =$	5

MÁXIMOS E MÍNIMOS CONDICIONADOS **181**

Isto significa que, para atender às necessidades, a máquina M_1 deverá ser operada durante 15 dias, e a máquina M_2 durante 5 dias. O custo mínimo associado será de R$ 4.250,00.

Problema 2. Um empresário fabrica dois artigos, *A* e *B*, usando para isto três tipos de substâncias, S_1, S_2 e S_3. Para fabricar uma unidade de *A* são necessárias 1, 4 e 9 unidades, respectivamente, das substâncias S_1, S_2 e S_3. A fabricação de uma unidade de *B* exige 1, 1 e 50 unidades, respectivamente, de S_1, S_2 e S_3. As quantidades disponíveis de S_1, S_2 e S_3 são, respectivamente, iguais a 101, 200 e 4.500 unidades. Sabendo que devem ser produzidas pelo menos 10 unidades de *A* e 20 de *B*, e que o lucro é de R$ 1.500,00 por unidade de *A* e de R$ 1.200,00 por unidade de *B*, o empresário deseja saber quantas unidades de *A* e quantas de *B* devem ser fabricadas, de modo que seu lucro seja máximo.

Solução:

O lucro correspondente à fabricação de *x* unidades de *A* e de *y* unidades de *B* pode ser expresso pela função dada por $L = 1.500x + 1.200y$.

A fabricação de *x* unidades de *A* e de *y* unidades de *B* implica os seguintes consumos, respectivamente, de S_1, S_2 e S_3: $x + y$, $4x + y$ e $9x + 50y$. As disponibilidades de S_1, S_2 e S_3 exigem que: $x + y \leq 101$, $4x + y \leq 200$ e $9x + 50y \leq 4.500$. Considerando que pelo menos 10 unidades de *A* e 20 de *B* deverão ser fabricadas, o problema consiste em determinar:

$$\text{Máx. } L = 1.500x + 1.200y$$

sabendo-se que:

$$\begin{cases} x + y \leq 101 \\ 4x + y \leq 200 \\ 9x + 50y \leq 4.500 \\ x \geq 10 \\ y \geq 20 \end{cases}$$

Resolvendo este problema, como nos casos anteriores, obtemos:

$$\boxed{\begin{aligned} \text{Máx } L &= 131.100 \\ x &= \quad 33 \\ y &= \quad 68 \end{aligned}}$$

Isto significa que devem ser fabricadas 33 unidades de *A*, 68 unidades de *B*, e que o lucro máximo correspondente será de R$ 131.100,00.

182 MATEMÁTICA

PROBLEMAS PROPOSTOS

1. André deseja fazer um churrasco com carne de boi e carne de frango que custam R$ 5,00 e R$ 3,50.

André sabe, por experiência anterior, que não deve comprar menos que 120 quilos de carne no total, e que a quantidade de carne de boi a ser comprada não deve ser inferior a 80 quilos nem superior a 180 quilos. Sabe também que a quantidade de carne de frango a ser comprada não deve ser inferior a 5 quilos nem superior a 40 quilos.

Por outro lado, ele pretende que a relação entre as quantidades de carne de boi e carne de frango não seja inferior a 3.

Determinar a quantidade de carne a ser comprada, de modo que o custo seja o menor possível e que as restrições mencionadas sejam satisfeitas.

2. Um empresário dispõe de R$ 5.400.000,00 e pretende estabelecer uma frota de veículos médios e grandes para operar fazendo lotação entre dois pontos de São Paulo. Os veículos médios e grandes custam R$ 100.000,00 e R$ 150.000,00 e proporcionam lucros líquidos de R$ 5.000,00 e R$ 7.500,00 mensais respectivamente. O empresário não pretende trabalhar com mais de 50 veículos. Por outro lado, as suas instalações de manutenção são suficientes para 70 veículos médios e ele sabe que, em termos de manutenção, um veículo do tipo grande equivale a dois veículos do tipo médio. Determinar quantos veículos de cada tipo o empresário deverá comprar de modo que seu lucro líquido mensal seja o maior possível.

3. Tio Chico dispõe de 10 alqueires de terra no interior do Estado e pretende cultivá-los plantando dois tipos de vegetais, A e B. Para uma boa produção de vegetal do tipo A é necessário empregar 200 quilos de fertilizante por alqueire, enquanto que o tipo B requer 300 quilos por alqueire. O lucro líquido por alqueire do vegetal do tipo A é de R$ 10.000,00, enquanto que o do tipo B é de R$ 15.000,00. Além disso, tio Chico não pretende empregar mais que 2.400 quilos de fertilizante nem plantar mais que 6 alqueires de vegetal do tipo B em virtude dos problemas de mercado, embora deseje também plantar pelo menos 3 alqueires do vegetal do tipo A. Quantos alqueires de cada tipo de vegetal deverão ser plantados, de modo que o lucro do tio Chico seja máximo?

4. Uma loja deseja estocar dois produtos, A e B, para venda posterior. O pedido mínimo economicamente viável para estoque é de 500 unidades no total e a proporção de A para B deve ser no máximo 2.

Por outro lado, o pedido mínimo para cada item é de 100 para A e 200 para B. O custo unitário nestas condições é de R$ 2,00 para A e R$ 3,00 para B.

Calcular as quantidades a serem estocadas nestas condições a fim de minimizar o seu custo.

MÁXIMOS E MÍNIMOS CONDICIONADOS **183**

5. Uma empresa dispõe dos recursos mão-de-obra (T) e capital (C) e pode produzir dois produtos P_1 e P_2, cuja demanda conjunta nos níveis de preço R\$ 10,60 e R\$ 18,00 é de 500 unidades.

Os recursos são alocados pelos produtos segundo a tabela:

Recursos	P_1	P_2	Custo por unidade
T	2	3	2
C	1	2	5

O orçamento da empresa para esta produção é de R\$ 6.390,00. Calcular as quantidades x e y que devem ser comercializadas dos produtos P_1 e P_2, com o objetivo de maximizar o lucro resultante.

RESPOSTAS ——————————————————————

1. carne de boi: 90
carne de frango: 30
    Custo total: R\$ 555,00

2. carros médios: 42
carros grandes: 8
O problema tem várias soluções.
    Lucro: R\$ 300.000,00

3. Alqueires de A: 6
Alqueires de B: 4
    Lucro: R\$ 120.000,00

4. Produto A: 300
Produto B: 200
    Custo: R\$ 1.200,00

5. Produto P_1: 230
Produto P_2: 270
    Lucro: R\$ 908,00

5.3 MÁXIMOS E MÍNIMOS CONDICIONADOS: MÉTODO DIRETO

Seja F uma função das variáveis x e y, não necessariamente linear e definida num subconjunto D do R^2.

Seja C uma curva contida em D, de equação $R(x, y) = 0$.

O problema que resolveremos agora consiste em estudar, no que se refere a máximos e mínimos, a restrição da função F aos pontos da curva de equação $R(x, y) = 0$, conforme ilustra a Figura 5.2.

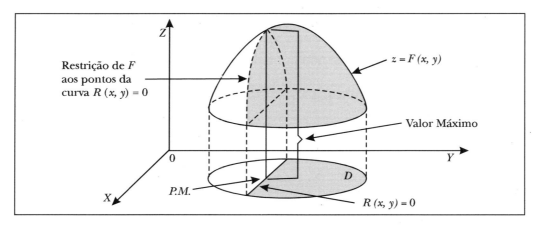

Figura 5.2

MÉTODO DIRETO

Suponhamos que a partir da equação $R(x, y) = 0$ seja possível explicitar y como função de x ou x como função de y.

O método direto consiste em substituir em $F(x, y)$ a variável x ou a variável y pelo correspondente valor obtido a partir de $R(x, y) = 0$.

A restrição de F assim obtida é função somente de uma variável e, portanto, o problema fica reduzido ao estudo de máximos e mínimos desta função.

Exemplos:

1. Estudar no que se refere a máximos e mínimos a função dada por $z = -(x-4)^2 - (y-9)^2 + 50$, sabendo-se que $y + x = 20$.

Solução:

Da equação $y + x = 20$ vem $y = 20 - x$. Substituindo-se o valor de y assim obtido, na expressão de

$$z = -(x-4)^2 - (y-9)^2 + 50, \text{ vem}$$
$$z = -(x-4)^2 - (11-x)^2 + 50$$

que dá z como função da variável x.

MÁXIMOS E MÍNIMOS CONDICIONADOS **185**

(a) *determinação dos candidatos:*

$$\frac{dz}{dx} = -2(x-4) - 2(11-x)(-1) = -4x + 30$$

$$\frac{dz}{dx} = 0 => -4x + 30 = 0 \therefore x = 7,5$$

(b) *classificação do candidato:*

$$\frac{d^2z}{dx^2} = -4$$

$$x = 7,5 => \frac{d^2z}{dx^2} = -4 < 0 \therefore x = 7,5 \quad \text{é ponto de máximo.}$$

(c) *conclusão:*

$x = 7,5$ é ponto de máximo da função $z = -(x-4)^2 - (11-x)^2 + 50$

Como

$$y + x = 20 \quad e \quad x = 7,5$$

o correspondente valor de y é 12,5.

Logo, o ponto de máximo da restrição da função dada por

$$z = -(x-4)^2 - (y-9)^2 + 50$$

à reta da equação $y + x = 20$ é o ponto $(x, y) = (7,5, 12,5)$ e o correspondente valor máximo de z é $z = -(7,5-4)^2 - (12,5-9)^2 + 50 = 25,5$.

Portanto, se $y + x = 20$, temos:

$$\boxed{\begin{array}{l} \text{Máx } z = 25,5 \\ \text{com } \begin{cases} x = 7,5 \\ y = 12,5 \end{cases} \end{array}}$$

2. Estudar, no que se refere a máximos e mínimos, a função dada por

$$z = 16x + 26y - x^2 - y^2$$

sabendo-se que $3x + 4y = 26$

186 MATEMÁTICA

Solução:

De $3x + 4y = 26$ vem $y = \dfrac{26 - 3x}{4}$

Substituindo na expressão de z, vem:

$$z = 16x + 26\left(\frac{26 - 3x}{4}\right) - x^2 - \left(\frac{26 - 3x}{4}\right)^2$$

ou seja

$$z = -\frac{25}{16}x^2 + \frac{100}{16}x + \frac{507}{4}$$

Como no exercício anterior, temos:

(a) *determinação dos candidatos:*

$$\frac{dz}{dx} = -\frac{50}{16}x + \frac{100}{16}$$

$$\frac{dz}{dx} = 0 \Rightarrow -\frac{50}{16}x + \frac{100}{16} = 0 \therefore x = 2$$

(b) *classificação do candidato:*

$$\frac{d^2z}{dx^2} = -\frac{50}{16}$$

$$x = 2 \Rightarrow \frac{d^2z}{dx^2} = -\frac{50}{16} < 0$$

$\therefore x = 2$ é o ponto de máximo.

(c) *conclusão:*

$$\left.\begin{array}{l} 3x + 4y = 26 \\ x = 2 \end{array}\right\} \Rightarrow \begin{array}{l} x = 2 \\ y = 5 \end{array}$$

$$\left.\begin{array}{l} x = 2 \\ y = 5 \end{array}\right\} \Rightarrow z = 133$$

Portanto, se $3x + 4y = 26$, temos:

$$\boxed{\text{Máx } z = 133 \text{ com } \begin{cases} x = 2 \\ y = 5 \end{cases}}$$

MÁXIMOS E MÍNIMOS CONDICIONADOS **187**

EXERCÍCIOS PROPOSTOS

Resolver, pelo método direto, os problemas seguintes:

1. Calcular o valor máximo de $z = xy$, sabendo-se que $x + y = 40$ com $x > 0$ e $y > 0$

2. Determinar o valor máximo de $z = \frac{1}{4}x^2 y + 5$ sabendo-se que $2x + y = 20$ com $x > 0$ e $y > 0$

3. Determinar o valor máximo de $z = 40 - x^2 - 2y^2$ sabendo-se que $x + y = 12$

4. Determinar as dimensões do retângulo de área máxima dentre os retângulos de perímetro 20

5. Determinar o valor máximo de $z = 18x^2 - 3y^2 + 8xy - 81$ sabendo-se que $y - x^2 = 0$, com $x > 0$ e $y > 0$

6. Determinar o valor mínimo de $z = x^2 + y^2 - 9x$, sabendo-se que $y - \sqrt{x} = 0$, com $x > 0$

7. Determinar o valor mínimo de $z = y^2 - x - 5$, sabendo-se que $x - \ell n\, y = 0$

RESPOSTAS

1. Máx. $z = 400$; $x = 20, y = 20$

2. Máx. $z = \dfrac{2.135}{27}$; $x = \dfrac{20}{3}, y = \dfrac{20}{3}$

3. Máx. $z = -56$; $x = 8, y = 4$

4. Máx. $z = 25$; $x = 5, y = 5$

5. Máx. $z = 54$; $x = 3, y = 9$

6. Mín. $z = -16$; $x = 4, y = 2$

7. Máx. $z = -4,153$; $x = -0,347, y = 0,707$

5.4 APLICAÇÕES

Resolver, pelo método direto, os problemas seguintes:

1. Sabendo-se que a função índice de utilidade de determinado consumidor é dada por $U = q_1 \cdot q_2$ e que a sua restrição orçamentária é dada por $2q_1 + 5q_2 = 100$, determinar as quantidades q_1 e q_2 que maximizam U, e o valor máximo de U.

188 MATEMÁTICA

2. Responda às perguntas do problema anterior, no caso em que $U = 5.000 - (q_1 - 3)^2 - 4(q_2 - 2)^2$ e $2q_1 + 3q_2 = 120$.

3. A receita obtida com a venda de dois bens é dado por: $R = 40q_1 + 20q_1q_2$ e o custo associado de produção é dado por $C = q_1 + q_2 + 100$.

Sabendo-se que se deseja operar a um nível de custo de exatamente R\$ 1.100,00, determinar as quantidades q_1 e q_2 que maximizam a receita.

4. Uma empresa tem uma função de produção dada por:

$$P = 4 \cdot T^{0,5} \cdot C^{0,5}$$

Os custos unitários dos fatores T e C são respectivamente R\$ 5,00 e R\$ 8,00. Se a empresa tem um orçamento de R\$ 4.000,00 para esta produção, calcular as quantidades de capital e trabalho que deve alocar a fim de maximizar a produção.

5. Suponha que a empresa do problema anterior, com função de produção $P = 4 \cdot T^{0,5} \cdot C^{0,5}$ e custos dos insumos R\$ 5,00 e R\$ 7,20, respectivamente, deseje minimizar o custo de uma produção de 100 unidades. Quais as quantidades dos fatores que devem ser alocadas?

6. Uma empresa tem função de produção do tipo CES (Elasticidade de Substituição Constante), dada por

$$P = 0,8 \left[0,6 \cdot C^{-2} + 0,4 \ T^{-2} \right]^{-\frac{1}{2}}$$

Se os custos dos fatores T e C são R\$ 2,00 e R\$ 5,00, respectivamente, calcular a quantidade dos fatores que devem ser adquiridos para maximizar a produção, se o orçamento dedicado a esta atividade for R\$ 100,00.

7. A função de produção de uma empresa em termos dos fatores trabalho e capital é do tipo CES e é dada por:

$$P = 0,8 \left[0,6 \cdot C^{-2} + 0,4 \ T^{-2} \right]^{-\frac{1}{2}}$$

Calcular as quantidades dos fatores trabalho e capital para minimizar o custo da produção, sabendo que os custos dos fatores são R\$ 2,00 e R\$ 5,00, respectivamente, e a produção deve ser de 20 unidades.

RESPOSTAS

1. Máx. $U = 250$; $q_1 = 25$, $q_2 = 10$

2. Máx. $U = 3.133,76$; $q_1 = 37,56$; $q_2 = 14,96$

3. Máx. $R = 5.020.020,00$; $q_1 = 501$, $q_2 = 499$

4. $T = 400$; $C = 250$

5. $T = 30$; $C = 20,83$

6. $T = 16,085$; $C = 13,566$

7. $T = 27,88$; $C = 23,51$

5.5 MÁXIMOS E MÍNIMOS CONDICIONADOS: MÉTODO DOS MULTIPLICADORES DE LAGRANGE

Consideremos agora o problema que consiste em estudar no que se refere a máximos e mínimos a função $F(x, y)$, sabendo-se que as variáveis x e y estão ligadas por uma equação da forma $R(x, y) = 0$, onde não podemos explicitar x como função de y ou y como função de x.

Neste caso, o problema não pode ser resolvido pelo método direto que estudamos no item anterior.

Devemos, então, procurar a solução do problema empregando um outro método, o método dos multiplicadores de Lagrange, que será estabelecido a seguir:

MÉTODO DOS MULTIPLICADORES DE LAGRANGE

Seja (x, y) um ponto genérico da curva C de equação $R(x, y) = 0$ e suponhamos que existam duas funções deriváveis h_1 e h_2 tais que $x = h_1(t)$ e $y = h_2(t)$.

A restrição da função $F(x, y)$ à curva C é a função H tal que

$$H(t) = F(h_1(t), h_2(t))$$

Se F tem derivadas parciais contínuas, então H é derivável e

$$\frac{\mathrm{d}H}{\mathrm{d}t}(t) = \frac{\partial F}{\partial x}(h_1(t), h_2(t)) \frac{\mathrm{d}h_1}{\mathrm{d}t}(t) + \frac{\partial F}{\partial y}(h_1(t), h_2(t)) \frac{\mathrm{d}h_2}{\mathrm{d}t}(t)$$

Para que t_0 seja um ponto de máximo ou um ponto de mínimo de H devemos ter $\frac{\mathrm{d}H}{\mathrm{d}t}(t_0) = 0$, isto é:

$$\frac{\partial F}{\partial x}(h_1(t_0), h_2(t_0)) \frac{\mathrm{d}h_1}{\mathrm{d}t}(t_0) + \frac{\partial F}{\partial y}(h_1(t_0), h_2(t_0)) \frac{\mathrm{d}h_2}{\mathrm{d}t}(t_0) = 0$$

o que escreveremos, de modo simplificado, da seguinte forma:

$$\frac{\partial F}{\partial x} \frac{\mathrm{d}h_1}{\mathrm{d}t} + \frac{\partial F}{\partial y} \frac{\mathrm{d}h_2}{\mathrm{d}t} = 0$$

190 MATEMÁTICA

de onde vem

$$\frac{\partial F}{\partial x}\frac{dh_1}{dt} = -\frac{\partial F}{\partial y}\frac{dh_2}{dt}$$

Isto significa que os vetores

(1) $\quad \vec{v_1} = \left(\frac{\partial F}{\partial x}, \frac{\partial F}{\partial y}\right)$ e $\vec{w} = \left(\frac{dh_1}{dt}, \frac{dh_2}{dt}\right)$

são perpendiculares.

De modo análogo, se a função R tem derivadas parciais contínuas, então a função $S(t)$ tal que

$$S(t) = R(h_1(t), h_2(t)) = 0$$

é derivável e $S'(t) = 0$. Em particular,

$$\frac{dS}{dt}(t_0) = \frac{\partial R}{\partial x}(h_1(t_0), h_2(t_0))\frac{dh_1}{dt}(t_0) + \frac{\partial R}{\partial y}(h_1(t_0), h_2(t_0))\frac{dh_2}{dt}(t_0) = 0,$$

de onde vem, com notação simplificada:

$$\frac{\partial R}{\partial x}\frac{dh_1}{dt} = -\frac{\partial R}{\partial y}\frac{dh_2}{dt}$$

o que significa que os vetores

(2) $\quad \vec{v_2} = \left(\frac{\partial R}{\partial x}, \frac{\partial R}{\partial y}\right)$ e $\vec{w} = \left(\frac{dh_1}{dt}, \frac{dh_2}{dt}\right)$

são perpendiculares.

De (1) e (2) resulta, então, que os vetores $\vec{v_1}$ e $\vec{v_2}$ têm a mesma direção, pois ambos são perpendiculares ao vetor $\vec{w}$.

MÁXIMOS E MÍNIMOS CONDICIONADOS **191**

Em conseqüência, existe um número real λ_0 tal que

$$\vec{v_1} = \lambda_0 \, \vec{v_2}$$

isto é,

$$\left(\frac{\partial F}{\partial x}, \frac{\partial F}{\partial y}\right) = \lambda_0 \left(\frac{\partial R}{\partial x}, \frac{\partial R}{\partial y}\right)$$

de onde vem:

$$\frac{\partial F}{\partial x} = \lambda_0 \, \frac{\partial R}{\partial x} \quad \text{e} \quad \frac{\partial F}{\partial y} = \lambda_0 \, \frac{\partial R}{\partial y}$$

Do que acabamos de analisar, podemos concluir que, dentro das hipóteses feitas, se t_0 é um ponto de máximo ou um ponto de mínimo da restrição de F à curva de equação $R(x, y) = 0$, então existe um número real λ_0 tal que:

$$(3) \quad \begin{cases} \dfrac{\partial F}{\partial x}(x_0, y_0) - \lambda_0 \dfrac{\partial R}{\partial x}(x_0, y_0) = 0 \\[2mm] \dfrac{\partial F}{\partial y}(x_0, y_0) - \lambda_0 \dfrac{\partial R}{\partial y}(x_0, y_0) = 0 \\[2mm] \text{onde } x_0 = h_1(t_0) \ \text{ e } \ y_0 = h_2(t_0) \end{cases}$$

Observemos que as condições da fórmula (3) significam que (x_0, y_0, λ_0) é um possível ponto de máximo ou de mínimo da função L tal que

$$L(x, y, \lambda) = F(x, y) - \lambda R(x, y)$$

denominada função de Lagrange, associada ao problema dado. O número λ recebe o nome de multiplicador de Lagrange.

Portanto, nas hipóteses feitas, para se determinar os possíveis pontos (x, y) de máximo ou de mínimo da função $F(x, y)$ com a restrição $R(x, y) = 0$, pelo método de Lagrange, basta determinar os possíveis pontos de máximo ou de mínimo (x, y, λ) da função lagrangeana

$$L(x, y, \lambda) = F(x, y) - \lambda R(x, y)$$

isto é, basta montar e resolver o sistema:

192 MATEMÁTICA

$$
\begin{cases}
\dfrac{\partial L}{\partial x} = 0 \\[2mm]
\dfrac{\partial L}{\partial y} = 0 \\[2mm]
\dfrac{\partial L}{\partial \lambda} = 0
\end{cases}
\qquad \text{ou seja:} \qquad
\begin{cases}
\dfrac{\partial F}{\partial x} - \lambda \dfrac{\partial R}{\partial x} = 0 \\[2mm]
\dfrac{\partial F}{\partial y} - \lambda \dfrac{\partial R}{\partial y} = 0 \\[2mm]
R(x, y) = 0
\end{cases}
$$

e considerar os pontos (x, y) tais que (x, y, λ) são soluções do referido sistema.

Exemplos:

1. Determinar, caso existam, os possíveis pontos de máximo ou de mínimo da função dada por $z = xy$, sabendo-se que $x^2 + y^2 = 9$.

Neste caso, temos:

$$
F(x, y) = xy
$$
$$
R(x, y) = x^2 + y^2 - 9
$$

e, portanto,

$$
\left.
\begin{array}{r}
\dfrac{\partial F}{\partial x} - \lambda \dfrac{\partial R}{\partial x} = 0 \\[2mm]
\dfrac{\partial F}{\partial y} - \lambda \dfrac{\partial R}{\partial y} = 0 \\[2mm]
R(x, y) = 0
\end{array}
\right\}
\Rightarrow
\begin{cases}
y - 2\lambda x = 0 \\[2mm]
x - 2\lambda y = 0 \\[2mm]
x^2 + y^2 = 9
\end{cases}
$$

Resolvendo o sistema assim obtido, encontramos as seguintes soluções:

$$
(x, y, \lambda) = \left(\frac{3}{\sqrt{2}}, \frac{3}{\sqrt{2}}, \frac{1}{2} \right)
$$

$$
(x, y, \lambda) = \left(\frac{3}{\sqrt{2}}, -\frac{3}{\sqrt{2}}, -\frac{1}{2} \right)
$$

$$
(x, y, \lambda) = \left(-\frac{3}{\sqrt{2}}, -\frac{3}{\sqrt{2}}, -\frac{1}{2} \right)
$$

$$
(x, y, \lambda) = \left(-\frac{3}{\sqrt{2}}, -\frac{3}{\sqrt{2}}, \frac{1}{2} \right)
$$

Logo, os possíveis pontos de máximo ou de mínimo são:

$$(x, y) = \left(\frac{3}{\sqrt{2}} , \frac{3}{\sqrt{2}} \right)$$

$$(x, y) = \left(\frac{3}{\sqrt{2}} , - \frac{3}{\sqrt{2}} \right)$$

$$(x, y) = \left(- \frac{3}{\sqrt{2}} , \frac{3}{\sqrt{2}} \right)$$

$$(x, y) = \left(- \frac{3}{\sqrt{2}} , - \frac{3}{\sqrt{2}} \right)$$

2. Sabendo-se que $P = 0,8\,T^{0,2}C^{0,8}$ e que $2T + 3C = 6.000$, determinar, caso existam, os possíveis pontos de máximo ou de mínimo de P.

Neste caso, temos:

$$\left. \begin{array}{l} \dfrac{\partial P}{\partial T} - \lambda \dfrac{\partial R}{\partial T} = 0 \\[2mm] \dfrac{\partial P}{\partial C} - \lambda \dfrac{\partial R}{\partial C} = 0 \\[2mm] R(T, C) = 0 \end{array} \right\} \;=>\; \left\{ \begin{array}{l} 0,16\,T^{-0,8}C^{0,8} - 2\lambda = 0 \\[2mm] 0,64\,T^{0,2}C^{-0,2} - 3\lambda = 0 \\[2mm] 2T + 3C = 6.000 \end{array} \right.$$

Resolvendo-se o sistema assim obtido, determinamos uma solução

$$(T, C, \lambda) \text{ em que } T = 600 \text{ e } C = 1.600$$

Logo, o único possível ponto de máximo ou de mínimo de P, com a restrição dada, é o ponto $(600, 1.600)$.

EXERCÍCIOS PROPOSTOS

Determinar os possíveis pontos de máximo ou de mínimo em cada um dos casos seguintes:

1. $z = 4xy$ com $x^2 + y^2 = 1$
2. $z = 4x + 5y$ com $(x - 2)^2 + (y - 4)^2 = 16$
3. $P = 0,5\,T^{0,3}C^{0,7}$ com $5T + 4C = 10.000$
4. $U = (x + 2)^{2/3}\,(y + 1)^{1/3}$ com $2x + y = 7$
5. $U = x^{1/3}y^{2/3}$ com $x + y = 6$

194 MATEMÁTICA

RESPOSTAS

1. $(x, y) = \left(\dfrac{\sqrt{2}}{2}, \dfrac{\sqrt{2}}{2}\right)$; $(x, y) = \left(\dfrac{\sqrt{2}}{2}, -\dfrac{\sqrt{2}}{2}\right)$; $(x, y) = \left(-\dfrac{\sqrt{2}}{2}, \dfrac{\sqrt{2}}{2}\right)$; $(x, y) = \left(-\dfrac{\sqrt{2}}{2}, -\dfrac{\sqrt{2}}{2}\right)$

2. $(x, y) = (4{,}5, \, 7{,}125)$; $(x, y) = (-0{,}5, \, 0{,}875)$

3. $(T, C) = (600, \, 1.750)$

4. $(x, y) = (2, 3)$

5. $(x, y) = (2, 4)$

5.6 EXERCÍCIOS DE APLICAÇÃO

1. Uma empresa produz dois bens A e B. A função de transformação de produto tem a forma:

$$0{,}5x^2 + 2y^2 = 64$$

onde x e y são as quantidades dos produtos A e B.

Os preços de venda dos produtos são R\$ 10,00 e R\$ 20,00, respectivamente. Calcule as quantidades que devem ser comercializadas dos produtos, a fim de maximizar a receita da empresa. Use o método de Lagrange.

2. Uma empresa produz dois tipos de equipamentos E_1 e E_2. A função de custo associada à produção é:

$$C = 0{,}5x^2 + 4y^2 - 2xy + 100$$

A capacidade de produção num período é de 13 equipamentos no total. Quantos equipamentos de cada tipo devem ser produzidos no período para minimizar o custo de produção? Use Lagrange.

3. No problema anterior, supondo que o preço de venda de E_1 fosse R\$ 10,00 e o de E_2 R\$ 20,00, qual a combinação ótima de produtos para maximizar o lucro?

4. A produção de um bem, em função dos fatores mão-de-obra (T) e capital (C), é dada por:

$$P = 2T^{0,6} \cdot C^{0,4}$$

Os custos dos insumos T e C são R\$ 2,00 e R\$ 1,00 e o orçamento de produção é R\$ 200,00.

Calcular, usando o método de Lagrange, as quantidades dos insumos T e C que maximizam o produto P.

MÁXIMOS E MÍNIMOS CONDICIONADOS **195**

5. A produção de um bem, em função de dois insumos R_1 e R_2, é dada por:

$$P = 7.500 - (x - 100)^2 + 2\,(y - 60)^2$$

onde x e y são as quantidades de R_1 e R_2.

O preço de venda do bem é R\$ 20,00 por unidade. Os custos dos insumos são de R\$ 4,00 para R_1 e R\$ 2,50 para R_2.

Qual a produção que maximiza o lucro da empresa no período em que o orçamento de produção é de R\$ 859,00?

6. A função de utilidade de um consumidor ao adquirir dois produtos P_1 e P_2 é dada por:

$$U = 0,5 \cdot q_1 \cdot q_2,$$

onde q_1 e q_2 são as quantidades de P_1 e P_2.

Os custos dos produtos são R\$ 10,00 e R\$ 15,00. O orçamento do consumidor no período para estes produtos é de R\$ 600,00. Qual deve ser a opção de quantidades a adquirir dos bens para maximizar a satisfação do consumidor?

7. Uma empresa tem a produção como função dos fatores trabalho e capital, dada por uma função do tipo CES:

$$P = 2\left[0,4\,T^{-2} + 0,6\,C^{-2}\right]^{-0,5}$$

Se os custos dos fatores T e C são respectivamente R\$ 2,00 e R\$ 1,00, calcular a quantidade dos fatores T e C a adquirir, dentro de um orçamento de R\$ 100,00, para maximizar o lucro pela venda da produção. O preço de venda do produto é R\$ 5,00. Use o método de Lagrange.

RESPOSTAS

1. $x = 8$; $y = 4$
2. $x = 10$; $y = 3$
3. $x = 9,23$; $y = 3,77$
4. $T = 60$; $C = 80$
5. $x = 196$; $y = 30$
6. $q_1 = 30$; $q_2 = 20$
7. $T = 29,05$; $C = 41,90$

BIBLIOGRAFIA

[1] ALLEN, R. G. D. *Análise matemática para economistas*. Rio de Janeiro : Fundo de Cultura, v. 1-2.

[2] COURANT, R. *Cálculo diferencial e integral II*.

[3] LIPSEY, R. G., ARCHIBALD, G. C. *Tratamento matemático da economia*. Rio de Janeiro : Zahar.

[4] MEDEIROS DA SILVA, Sebastião, MEDEIROS DA SILVA, Elio, MEDEIROS DA SILVA, Ermes. *Matemática para os cursos de economia, administração e ciências contábeis*. 3. ed. São Paulo : Atlas, 1996.

[5] TINTNER, G., MILLHAM, C. B. *Mathematics and statistics for economists*. New York : Holt, Rinehart and Winston.

[6] YAMANE, T. *Matemática para economistas*. 3. ed. São Paulo : Atlas, 1977. 2. v.

[7] WHITE, A. J. *Análise real:* uma introdução: tradução, Elza F. Gomide. São Paulo : Edgard Blücher; Ed. da Universidade de São Paulo, 1973.

Pré-impressão, impressão e acabamento

grafica@editorasantuario.com.br
www.editorasantuario.com.br
Aparecida-SP